2019
中国人身保险产品研究报告

中国财富网
北京爱选信息科技有限公司
北京大学数学科学学院金融数学系
中国财富研究院
·编著·

新华出版社

图书在版编目（CIP）数据

2019中国人身保险产品研究报告：消费者版 / 中国财富网等编著. -- 北京：新华出版社, 2019.11
ISBN 978-7-5166-4937-4

Ⅰ. ①2…　Ⅱ. ①中…　Ⅲ. ①人身保险 – 研究报告 – 中国 – 2019
Ⅳ. ①F842.62

中国版本图书馆CIP数据核字(2019)第243885号

2019中国人身保险产品研究报告：消费者版

编　　著： 中国财富网等

责任编辑： 田丽丽　　**封面设计：** 刘宝龙

出版发行： 新华出版社
地　　址： 北京石景山区京原路8号　　**邮　　编：** 100040
网　　址： http://www.xinhuapub.com
经　　销： 新华书店、新华出版社天猫旗舰店、京东旗舰店及各大网店
购书热线： 010-63077122　　**中国新闻书店购书热线：** 010-63072012

照　　排： 臻美书装
印　　刷： 河北鑫兆源印刷有限公司

成品尺寸： 170mm×240mm　1/16
印　　张： 16.5　　**字　　数：** 185千字
版　　次： 2019年12月第一版　　**印　　次：** 2019年12月第一次印刷

书　　号： ISBN　978-7-5166-4937-4
定　　价： 48.00元

序一

自去年《2018 年中国人身保险产品研究报告（消费者版）》发布以来，其关注度与影响力日益提升。我相信这份研究保险产品、服务保险业长期可持续发展的首份报告，会为保险行业的健康发展以及消费者保险知识的普及起到重要的推进作用。

很高兴今年《2019 中国人身保险产品研究报告（消费者版）》能继续出版，报告每年坚持统计更新相关指标数据，并对当年保险产品创新点进行重点分析研究，这一系列报告会清晰地展现出保险产品的设计变化以及发展趋势。这不仅有利于加深保险专业人员对市场的了解与把握，还有利于非专业人员对保险产品以及保险行业的全面了解，最终促进保险功能和作用的发挥，推动中国保险市场的健康发展。

下面，我想来谈谈本报告的特点。

首先，报告设计更加体现了专业性、科学性、规范性的要求。体现在三个方面：

第一，报告从基础产品基本信息的收集到对产品的深层次处理分析，再到结合市场情况提出展望意见，研究的每一步都由专业人员参与完成。

报告中详细列出了数据来源，让所有产品都“有源可依”，所有分析和结果都“有据可查”。整个研究立足于商业保险市场的规范化建设和国家社会保障机制的完善，坚持了保险研究的一般规律和科学内涵，使得研究更加专业化、标准化、规范化。

第二，报告数据可靠、内容公正客观，为全行业、全社会服务。报告展现了数据、指标等较为全面的信息，并进行了深入的分析。针对专业人员撰写分报告一到分报告七，针对消费者撰写分报告八，尽可能地适应了不同群体的需要，专业化程度高，具有参考价值。

第三,报告对保险产品的研究运用了保险基本原则、大数法则和精算原则。保险基本原则是条款设计和解释的基础，精算是指精算科学，大数法则是产品设计的基础，在此基础上，衍生很多产品设计分类的方式方法和工作思路。保险业真正拿得起叫得响的就是“保险精算”，体现了遵循科学性和保险行业基本规律的特征。同时还结合了金融、法律、医学等专业知识，保险是一门综合的学科，各方面专业知识的结合考虑，才能讲述更好的“保险故事”。

其次，报告研究结果和方向具有价值和意义，包括两个方面：

第一，做任何研究，首先要清楚为谁服务的问题，2018 版的报告主要立足于服务消费者，让消费者能够了解什么是保险、怎么样购买保险，如何有效运用保险转移自身风险。而今年的报告相较于去年，结构更加清晰，保险消费者仍处于重要的位置，但服务人群扩展至保险公司、保险代理人，更加专业和广泛，可以为保险公司战略规划、产品开发提供参考，为代理人加强专业能力、健康展业提供支持，结果具有专业价值，较好地体现了为全行业服务的核心。

第二，“保险姓保”，各类产品都要以保障功能为根本，摒弃“华而不实”。同时保险销售和各项业务服务都要诚信且专业，以消费者为核心，从保障大的格局去考量，这些都在报告中得到体现，有益于树立保险行业的良好风气，具有积极意义。

最后，报告文字和表述将严谨性、专业性与生动性、可读性有机结合。体现在两个方面：

第一，报告措辞专业、严谨且标准。报告撰写书面化且专业化，运用规范的保险语言而不是口语的通俗说法，对文本的可读性、准确性和价值性做了研究，避免误读误解，力求精准完整，而不是“为解释而解释”。同时，报告对一些重要数据的来源、可靠性程度以及不完全统计状况等进行了说明，尽量保证了数据的完整性、全面性。

第二，报告在标准用语之余阅读起来并不显得生硬，用生动的文字为我们展示了保险市场及产品现状，同时穿插大量图表和实例，简明易懂，可读性强，在文后附有“保险条款常见术语说明”，更有利于报告的普及和广泛传播。

伴随着国家的改革开放，中国保险业不断成长壮大，新时代需要新作为，新作为要有新成效。《2019中国人身保险产品研究报告（消费者版）》对产品进行了专门研究，让我们更能看清现状，把握市场走向，推动保险业又好又快发展，在未来改革开放的大潮中，实现从保险大国到保险强国的历史性转变！

周延礼

全国政协委员、中国保监会原副主席

序二

我自 1997 年北京大学数学科学学院金融数学系成立以来一直从事保险精算和金融数学及金融风险管理的理论和应用研究工作，一直坚信建立于科学的风险分析基础之上的保险行业，具有强大的、不可替代的社会服务功能和提供风险转移所带来的商业价值。而上述功能和价值要变为现实需要保险行业、消费者和相关的利益方的共同努力，我很高兴地参与了《2019 中国人身保险产品研究报告（消费者版）》的撰写工作，希望对保险业的基础性建设工作做一些自己力所能及的事情，同时也帮助我更深入地了解和掌握人身险市场的最新状况和趋势。

人身险产品与人的身体健康和生命息息相关，人作为单个生命个体其特征差异非常明显，影响发病和身故的因素很多且作用方式复杂。我国的人身保险业自改革开放恢复之后，在产品开发、提供保险保障方面已经建立了基本的框架，但随着计算机技术和风险模型方法的快速发展，寿险产品向精细化和差异化的转型是一个必然的趋势。精准定价对保险公司的风险识别、风险分类和风险计量都提出了很大的挑战，最为基础性的是在设计和开发产品时对保险责任、投保范围等有更加全面的认知，同时要加深对市场现状的了解。只有深入地理解消费者的真实需求及其趋势才能“精准发力”，设计出更加有竞争力的产品。而行业也有责任帮助消费者了解保险，明晰自身的需求，选择合适的产品。《2019中国人身保险产品研究报告（消费者版）》立足于服务人身保险产品的长期可持续发展，特别针对保险专业人员和消费者两大主体撰写了不同的分报告，为保险产品的开发者、销售者和购买者给予更好的基础性支持。

《2019中国人身保险产品研究报告（消费者版）》以爱选庞大的人身险产品库中千余款从市面收集并经过归纳整理的真实产品为基础，首先根据由专业的保险人员确定的拆分原则进行基本处理，然后结合风险管理、精算等各方面的专业能力进行数据分析、风险计量建模的研究，进而对2019年我国保险市场在售的主要人身保险产品进行较为深入的对比研究和科学评级，这也是我着重参与的部分。本报告全面而系统地覆盖了定寿、终寿、重疾、年金、万能险、投连险、中端医疗险各类人身险险种，同时专为消费者撰写浓缩版的分报告八，有针对性地为消费者选择保险产品提供指导。报告广而不泛，并未停留在简单的产品介绍上，而是做了更加专业化、精细化和深入化的分析，每一类产品都“从大到小再到大”。首先对每类产品一年的市场状况进行全面的分析和介绍，然后再对具体产品进行详细的条款和责任对比分析，进而对整个产品及市场提出展望和建议，具体且充实。

《2019中国人身保险产品研究报告（消费者版）》是对人身险行业具有重大意义的基础性研究工作，对2018—2019年中国人身险市场上的产品状况做了系统性地研究与总结，同时针对各类产品未来的发展提出展望和建议，对于专业的保险设计人员、保险展业人员、消费者都具有借鉴与指导意义，而对于保险公司高层管理人员、战略研究人员和行业监管人员也具有一定参考价值。

不积跬步无以至千里，市场瞬息万变，基础性研究要永不停歇，我非常荣幸参与此次报告的撰写。希望本报告能促进保险公司的产品开发更好地与消费者的需求相结合，加强风险管控，精准定价，为市场提供更合适的保险产品，帮助保险代理人良性展业减少销售误导，帮助消费者正确理解保险和认识自身的保障需求。希望通过我们的不断积累和努力，可以夯实行业基础、促进保险行业的健康发展！

吴　岚

序三

近年来，保险业发展迅速，在金融领域中的地位越来越重要。随着时代发展，互联网的介入使保险产品的迭代速度逐渐提升，保险需求日益丰富与广泛，保险销售方式也更加多元化，保险科技顺势蓬勃发展。在这样的大环境下，基于数据与场景的创新型保险科技公司——爱选科技应运而生。在这两年里见证了保险市场和保险科技巨大的发展变化与日益显著的影响力。

爱选科技致力于保险行业的基础性研究，从创立初期便开始了人身险产品库的建设工作。多位北美精算师与保险专业人员历时半年多共同完成产品库最初的建设。这其中蕴含着产品库架构搭建、产品信息收集、相关规则制定、产品拆解及打分、产品二次定价等大量工作。直至今日，爱选人身险产品库仍在不断地优化与更新，保证产品处理的专业化、规范化和标准化，为下一步保险科技的发展夯实基础。

2018年，基于爱选庞大的产品库，《2018年中国人身保险产品研究报告（消费者版）》在各方关爱下付梓成书。人身险产品具有很强的专业性，涉及金融知识、法律知识、医学知识等多个方面，因此普通消费者难以理解也无从下手去进行产品对比以选择满足自身需求的产品。报告从独特的视角对各类人身险产品进行了定性与定量分析，为消费者提供人身险产品的基础知识普及、市场情况介绍与选择购买指引。

今年，我们继续推出了《2019 中国人身保险产品研究报告（消费者版）》。根据 2018 版收到的社会各界的反馈意见，今年的报告分析角度更加全面细致，研究范围更加广阔，评价体系更加专业系统，评价结果也更加客观地反映了当前人身险产品在市场上的综合表现。2019 版报告针对专业人员和消费者两大主体撰写不同的分报告，精准对接人身保险产品的供需双方，不再局限于保险知识的普及，更加致力于为专业人士在产品开发设计等方面提供一定程度的参考和支持。报告为保险产品的开发者、销售者给予更好的支持，架起保险业从业人士及消费者之间沟通的桥梁，为供需双方同时提供专业的服务及客观真实的保险业讯息。

报告的研究工作由保险专业和精算人员全力参与完成，保证分析研究过程和结果的科学性与专业性。其中保险条款整理与分析全部由保险专业人员进行，评分与定价则由精算人员完成，分工明确，确保其专业性。而在表达上则尽量避免晦涩难懂的词汇，用通俗的语言进行撰写，将最“简单”的部分展现出来，同时附有“保险条款常见术语说明”，以求让更多的非专业或半专业人员能够更好地理解，使得报告的覆盖面更广。

爱选科技的使命是做保险业“最专业、最难”的事，让保险变“简单”。我们真诚希望《2019 中国人身保险产品研究报告（消费者版）》的正式出版能为保险机构服务，为消费者服务，为人身保险市场的良性发展贡献力量。我们也诚恳地希望能得到各界人士的建议，帮助我们不断完善研究方案，优化评价体系，一起为未来更加规范、专业的保险环境助力！

最后，由衷地感谢所有为该报告的顺利出版提供各种帮助的人。感谢你们的专业指导、技术支持、日常付出等，特别地：

感谢北京大学数学科学学院金融数学系吴岚教授对本报告提供专业指导和研究过程的帮助。吴岚教授有着严谨的治学态度和专业的风控知识，不仅在学术上为我们提供专业的指引，还不辞辛苦对本报告的研究工作提出建议，对具体内容提供修改意见，极大地加强了本报告整体的专业性。

感谢爱选科技风险建模室全体团队成员具体落实本报告的各项工作。感谢团队负责人高雁在兼顾重大疾病保险产品报告撰写工作的同时还负责带领整个团队成员展开系统且细致地与报告相关的各项工作，指导和帮助团队成员执行各项任务。

感谢朱江南、姚园园、夏振伦、胡兴锦、苑兴涵、辜月明，他们不仅为前期大量的产品资料收集整理、数据积累、市场调研工作付出辛苦努力，也分别为中端医疗保险产品、年金保险产品、定期寿险产品、投资连结与万能保险产品和终身寿险产品的撰写工作以及报告的校对工作做出了巨大的贡献。

最后，再次感谢所有为本报告付出努力的人，以及为本报告提供各种建议和意见的人。谢谢你们对本报告提供的支持。

何剑钢

引　言

保险行业应时代发展需求而生，为我国现代金融业发展做出了卓越贡献。近年来，我国经济持续稳健发展，可支配收入水平和社会风险意识的不断提高使得消费者越来越关注自身及家庭的风险保障，产生了对保险产品的巨大需求。与此同时，为了给消费者提供更加全面的风险保障，保险公司纷纷开发了更多创新型、多元化的保险产品丰富保险市场。此外，互联网发展迅速，也为保险产品的宣传与销售创造了机会。

从保险的需求端、供给端及销售端三方来看，保险市场蕴含着巨大可能性的同时也蕴含着很多挑战。首先，对于保险消费者，人身保险作为专业的金融产品，保险条款和责任设置错综复杂，很难理解。这个问题需要专业人员标准化、精细化且专业化地处理各类产品，将保障核心从复杂的条款中剥离出来，使得产品责任结构化、清晰化、易懂化。对于保险公司，面对消费者日益深入的保险需求以及竞争公司的产品开发速度，如何快速了解各类产品市场状况并设计出保障合理充足且符合市场实际需要的保险产品成为提升保险公司产品竞争力的重点。

《2019 中国人身保险产品研究报告（消费者版）》由总报告和八个分报告组成，致力于从供需角度分别解析当前人身保险产品的设计特征和发展趋势。与《2018 年中国人身保险产品研究报告（消费者版）》一样的是，本报告同样借助庞大的爱选人身险产品库，使用统计分析和建模研究的方法，对 2018 年我国保险市场在售的主流人身保险产品的责任设计、条款撰写等指标进行对比研究并进行科学的评级。不一样的是，2019 年的报告更加系统化、全面化、精细化。总报告及分报告一至七针对专业人员，为其产品开发设计、展业等工作提供参考与支持。分报告八针对保险消费者，为其选择合适的保险产品提供指引。一定层面上，推进人身保险市场供需关系的良好发展。

目　录

总报告

一、市场综述

2018 年人身保险业遵循着“保险姓保、回归本源”的方向发展，保险业的工作重点围绕四个方面展开：一是防控风险，二是重塑监管，三是深化改革，四是强化服务。因此 2018 年人身保险市场处于一个调整期，产品结构持续变化。整体寿险业务原保险保费收入近年来首次下降，降幅为 3.41%。由于银保监会关于“严查偏离保险本源，产品设计异化的行为”的相关规定的出台，产品报备要求的调整，以年金保险为代表的往年保费收入的重头戏“开门红”哑火，然而，健康险业务和意外险业务呈爆发式增长，保费收入分别增长 24.12% 和 19.33%，保额分别增加 50.02% 和 32.80%，而保单件数更是剧增 417.28% 和 168.51%。万能保险在经历了 2017 年保户投资款缴费腰斩之后，2018 年进行了反弹，保户投资款新增缴费上涨了 35%，而投资连结保险则继续萎缩，独立账户新增缴费下降了 29%。

与此同时，2018 年新报备的产品达到 4000 多款，比 2017 年增加近

85%，其主要原因是银保监会颁布了《中国银行保险监督管理委员会办公厅关于组织开展人身保险产品专项核查清理工作的通知》（银保监办发[2018] 19号），各公司对照银保监会列出的《人身保险产品开发设计负面清单》，对各自产品进行重新审核，修正了不合规的产品条款，在2018年6月左右集中重新报备了大量的产品，使得2018年第二季度报备产品数量达到2000余个，几乎等于2017年全年产品报备数目。

虽然2018年新报备产品很多，但是部分产品基本没有销量，一方面是由于如此大规模的产品重新报备，有些产品开发设计时并没有进行深入的市场调研，没有配套的市场活动做推动，沦为鸡肋产品；另一方面，2018年市场上的人身保险产品创新，特别是新开发的长期险种多是在现有产品基础上个别细节的升级，一些升级从产品开发角度来看有一定意义，但是市场接受度不高。因此我们希望保险公司在进行新产品开发前对市场产品形态进行更多的调研，从发生率、人群分级、保险服务等基础层面上创新，实实在在贴近市场需求，做精做细人身险产品。

另外值得关注的是由于互联网保险知识的普及，诸多公众号的迅速崛起，通过对不同保险产品进行多维度的对比和解读，确实帮助消费者更多地了解了互联网保险产品，但也使得互联网产品的价格竞争越来越激烈，产品形态越来越激进，责任越来越复杂。在这种情况下，对于消费者而言，面临的困难是如何从上千种纷繁芜杂的保险产品中挑选出适合自己的保险产品；而对于保险公司，特别是专注于互联网销售的中小公司而言，参与价格战确实能带来短期保费的增加，但带来的未来风险也在大幅增加，当期偿付能力的大幅下降和未来利润的减少甚至亏损将是保险公司未来几年会面临的问题。因此风险识别和风险控制能力将成为保险公司能否真正做到长期稳定经营的关键。

二、报告内容及研究方法

本报告延续去年报告的研究方法，从人身保险产品主要特征的统计对比入手，展示该类人身保险产品的不同特征。对比去年的报告，可以看到当前人身保险市场依旧充满了市场活力，新产品在产品形态的选择上和去年有不小的区别，产品设计上尝试针对不同的场景进行定制，对消费者的身体条件进行细分，提供了更具针对性和价格竞争力的产品，更多的保险公司开发了优选定期寿险，个别公司进一步开发了连生保险。通过对产品设计特征、产品创新动向的长期追踪，可以窥见人身险市场的发展方向，并以报告的形式帮助保险公司了解市场变化，更好地设计产品，同时也能帮助消费者更好地识别优秀的保险产品，选择最适合的保险产品，这也正是本报告计划进行长期持续性研究的初衷。

在保障型寿险和健康险的产品评级分析中，我们发现仅仅比较同类产品的价格无法明确判断保险产品的价值水平，建立标准统一的产品评级体系，反映不同产品的责任设计与风险经验的对应，才能帮助消费者看清保险产品的市场定位。依靠我们建立的模型对保险产品进行对比分析，可以发现单从价格来看，大公司的保障类险种价格相对较高，中小公司的互联网产品价格相对较低。但保险产品除了价格以外，还要考虑保险公司的综合实力、财务状况和服务水平，因此考量保险产品的性价比，还应该综合考虑公司资本、历史、偿付能力、服务水平、赔付时效等综合因素。遵循这一思路，报告对保险产品进行综合评级，大中型公司的保障型保险产品综合评级显著提高，反映了保险产品的综合性价比。

同时在不同产品关键元素的对比中，我们找到了一些容易被忽略却很重要的产品设定，例如责任免除、投保须知和健康告知等细节，并对这些产品设定进行了对比点评。追踪这些关键点，能够找出产品之间的差异，帮助消费者更好地甄别适合的优质的人身险产品。

三、报告构成

本报告由主报告和产品分报告构成。主报告为产品对比分析结论汇总，分报告作为主报告的附件，对 2018 年市场上热门的定期寿险、终身寿险、重大疾病保险、年金保险、万能保险、投资连结保险、中端医疗保险进行了详细调研和分析，对不同产品性价比进行了评级，并总结了各类产品的发展建议。主报告和分报告共同构成了本次产品调研报告。

四、数据来源及研究方法

本报告的研究数据均来自于市场公开数据，如保险条款、费率表、保险公司产品宣传册和投保书问询等。

本报告共收集了 2018 年新开发的近千个在售主流产品，延续去年的分析方法，对人身保险产品进行分类，针对不同类别的人身保险产品，利用我们自主开发的定价系统，根据每一个产品保险合同描述的保险责任一一进行建模，开展保险产品价格量化评级。此外，针对公司资本、公司历史、偿付能力、服务水平、赔付时效等综合因素，结合产品特征，制定不同产品类别的评分项目，依次对每个产品进行综合量化评级，再根据不同产品类型进行加权得到综合评级。评级采用星级评级方式，共划分为5个星级。

星级评级是基于对人身险产品保费、条款、公司综合能力的定量与定性分析，旨在为消费者提供一个专业的保险产品评价体系，评级结果反映了当前人身险产品在市场上的综合表现。本报告的星级评级只是作为人身险产品的对比分析建议，帮助消费者对产品进行理解，并不能作为消费者决定购买的最终意见。

五、研究结果与建议

根据产品分报告的对比分析结果，下面对不同产品类型进行概括性分析。

（一）保障型寿险

1. 定期寿险待优化，互联网渠道价格战初现。

定期寿险在2018年爆发式增长，越来越多的保险公司推出了优选定期寿险，但是由于优选定期寿险对吸烟状态和体检结果的依赖，造成投保流程，特别是网销定期寿险的阻断。不少公司不再要求吸烟和体检结果，或者采用变通的方法直接压低互联网定期寿险的保费。而吸烟和体检是国际保险行业已经拥有多年数据证明的最具有影响力的两个因子。因此对于其他因素的引入，还需要行业进行更多的基础数据的研究分析，确保其满足长期相关性，不要为了一时市场需求，做出一些“短命”的创新。应该花更多的精力完善吸烟和体检的流程，真正推进保险螺旋式上升发展。

互联网定期寿险的价格竞争，一次次地刷新了定期寿险产品的底价，消费者也乐于接受性价比更高的产品，但是市场应注意防范降价行为背后的风险，个别小型保险公司由于推出产品价格过低，偿付能力已经逼近监管机构设定的红线，消费者在购买产品时要充分考虑保险公司的各个方面指标，不能单纯依靠产品价格进行判断。保险公司也不应参与到恶性竞争降价之中，在合理定价的同时要提升自身服务质量，以合理的价格和优质的服务来吸引更多的消费者。

2. 终身寿险市场相对平淡，期待更多的创新。

2018 年终身寿险市场相对平淡，产品形态的变化不大，各公司新产品不多，区别化定价的优选产品仅有一款产品在 2018 年报备。作为长期财富传承的终身寿险应该得到更多公司的关注。

（二）重大疾病产品

1. 疾病数目开始滞长，疾病定义问题依旧存在。

2018 年新开发重疾险平均保障病种为 85 种，我们看到当前重疾险产品重疾病数量达到 100 种以后增加趋势减慢，大部分公司不再以更多的重大疾病数量作为销售噱头。另外，由于 25 种标准疾病以外的疾病定义没有标准定义，重疾病的定义拆分，保障基本已被消灭的疾病、疾病定义重复率高以及缺项少项等问题依旧存在。我们期望监管部门尽快推出标准定义，进一步规范重疾险市场，减少重疾险产品的乱象。

2. 互联网价格战日趋激烈，风险控制与价格不匹配

互联网渠道重疾险产品价格持续刷新底线，价格最低的几家公司产品都没有再保险支持当前的价格，因此没有进行风险分保，缺乏风险控制手段；同时其核保规则相对简单，不能剔除高风险人群。这样一味追求销量的价格战，短期的结果是造成偿付能力的下降，我们看到不少激进公司的偿付能力已经接近预警线；长期结果是带来业务的亏损，一旦股东不再持续注入资本，最终会损害消费者的利益。同时我们也看到，一旦产品失去价格优势，产品销量下降明显。

因此我们呼吁加强长期健康险的风险管理，杜绝饮鸩止渴的价格战，从个体风险入手，以体检等手段，完善精算和核保的风险控制，以可持续性发展的方式推动重疾险产品的发展。

（三）年金保险产品

1. 推进税延年金优惠力度，提升公司参与度和消费者教育。

年金保险是全球保险市场的主力，税延年金是年金的基本盘，也是退休规划的主要驱动力。当前试点的税延年金的优惠力度依然比较小，对消费者的吸引力有限。但相较于传统年金，税延年金不论从收费水平还是功能设置上都更有利于消费者。因此加强消费者教育，大力推介税延年金产品是当前的市场重点。与此同时，保险公司也应积极开发税延年金产品，提高税延年金产品的销售量，用加大资产管理量的方式来提高整体利润，以弥补这种政策性保险的低利润率缺陷。

2. 开发真正养老年金，关注投资和长寿风险。

当前年金产品较为同质化，多为快返年金，真正意义上的养老年金和教育年金较少。年金保险初衷是为了解决养老和教育问题，开发真正的养老年金，作为社会养老和税延养老的补充是当前保险业的当务之急。

而长期保证给付的年金保险产品意味着保险公司要有较强利率风险和长寿风险的管理能力。特别是在当前利率下行时期，加之国际市场复杂，如何保持长期稳定的年金投资收益率是保险公司未来的核心竞争力。同时保险公司需要加强对长寿风险的研究，建立长寿风险模型，加大对动态生命表的研制，审慎定价，完善自身金融风控手段，实现投资风险和长寿风险的对冲。

（四）账户型产品（万能险和投连险）

在当前“保险姓保”的大环境下，应当发挥万能险和投连险长期高收益的优势，搭配成缴费灵活的终身保障，或者作为品质养老的有效工具和重要补充，对消费者进行长期投资教育，帮助消费者进行长期的财务管理。发挥账户型保险产品在寿险保障、养老和教育储备方面的优势。

（五）中端医疗险

“百万医疗”发展迅猛，保障内容需标准化通俗化。2018 年作为互联网明星产品的“百万医疗”销售火爆，各公司都不断推出自己的百万医疗产品，同时带着互联网基因的百万医疗产品更新换代速度也特别快，成为最具有活力的保险产品之一。其低价格、保障高的特点深受消费者亲睐。

但与此同时，市场上各类中端医疗险产品由于没有统一的规范，各产品条款对责任的定义不同，责任设置复杂、细节过多且难以理解，增加了消费者的购买难度。因此在这个产品的核心责任上，希望能尽量的标准化、通俗化，减少消费者的误解。同时鼓励保险公司积极探索，从消费者的需求出发，提供更多更完善的健康保障。

分报告一
定期寿险产品市场调研报告

一、定期寿险产品市场状况

（一）定期寿险产品市场发展状况

2018年，我国人身险业务总保费保持小幅增长，寿险业务却出现了负增长。2018年保险统计数据报告显示，寿险业务原保险保费收入为20722.86亿元，同比下降3.4%，这是7年来寿险业务首次出现负增长。在这样的市场环境下，定期寿险业务却呈现出井喷的态势，多家公司接连推出优选定期寿险，一次次刷新定期寿险的市场底价，多款产品取得突破性销售收入。关于上述现象我们认为主要有以下四点原因：一是来自监管部门多年对于“保险姓保”的监管引导；二是从普遍年轻化的承保年龄来看，年轻人保障意识崛起，透过保险实现责任感的意愿增强；三是互联网保险渠道的发展助力简单的保险产品的普及和推广，此外众多公众号对保险知识的介绍提高了公众的保险意识，网上购买保险减少了保险销售的区域限制。最后，定期寿险的保障责任清晰明确，是意外险之外最易于被消费者接受的。

（二）定期寿险产品报备状况

2018 年保险公司报备的个人定期寿险约为 210 个，占所有报备个人保险产品的 4.8%，占人寿保险产品的 23%，从 2014 年开始此占比比例逐年增长（如图 1 所示）。

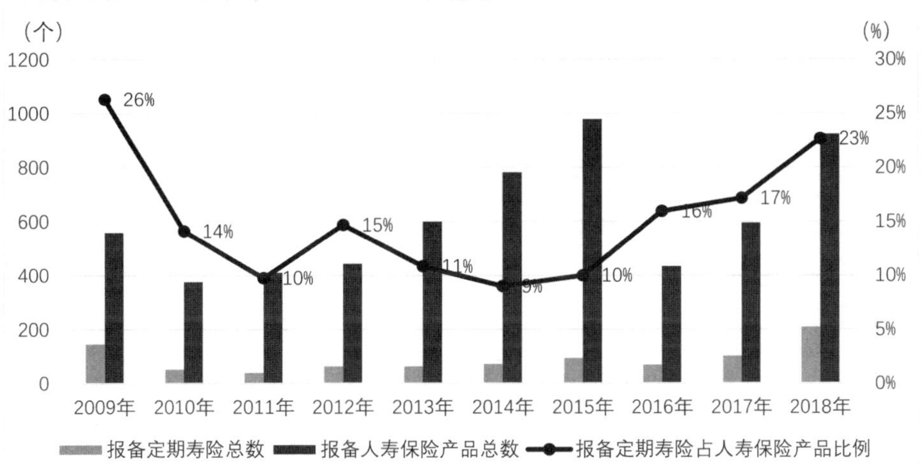

图 1： 2009—2018 年定期寿险产品报备情况

2018 年定期寿险市场的特点之一是产品价格的大幅下降，低价格定期寿险和优选定期寿险成为中小型保险公司及互联网保险公司抢占定期寿险市场的主力产品。在报备的新产品中，多家公司开发了差异化定价的优选定期寿险，数量近 20 个。

定期寿险值得消费者更多地关注。但是由于受到保费低、佣金少、不受代理人青睐，以及消费者获取信息存在一定限制等因素的影响，定期寿险在中国仍属于小众产品。而在欧美市场中，定期寿险却属于主力产品。

（三）定期寿险产品数据分析来源

《分报告一——定期寿险产品市场调研报告》的分析数据均来自市场公开信息，如产品条款、产品费率等。本分报告以下的统计分析结果基于110多款报备年度为2018年的定期寿险产品。

二、定期寿险产品特征分析

报告对2018年市场上新上市的主流定期寿险产品进行分析。

（一）保险责任

定期寿险保险合同包括的主要责任有身故和全残。身故（全残）责任，即被保险人在保险期间内身故（全残），得到身故（全残）保险金赔付。在2018年报备的定期寿险产品中，同时提供身故和全残保障的定期寿险占比为73%，其余定期寿险仅提供身故保障。

（二）免责条款

2018年报备的定期寿险产品中，超过半数的产品免责条款设计为7条。定期寿险免责条款数量的统计结果如表1所示。

表 1：定期寿险产品免责条款数量统计表 [1]

免责条款数量	3 条	4 条	5 条	7 条
比例	13%	17%	13%	57%

免责条款一般从被保险人或者投保人的故意行为（如自杀）、不可抗力因素（如自然灾害）、犯罪行为和战争、核爆炸等方面进行设计。

大部分公司直接采用行业协会标准化条款中寿险的 7 条免责条款，不做改动或结合各自产品的特点稍作改动，部分公司会将某两条免责条款合并为一条，造成产品免责条款较少的假象。标准免责条款见表 2。

表 2：定期寿险产品标准免责条款情况统计表

免责条款		比例
1	投保人对被保险人的故意杀害、故意伤害	100%
2	被保险人故意犯罪或者抗拒依法采取的刑事强制措施	100%
3	被保险人在本合同成立日或最后复效日（以较迟者为准）起两年内自杀，但被保险人自杀时为无民事行为能力人的除外	93%
4	被保险人主动服用、吸食、注射毒品	83%
5	被保险人酒后驾驶，无合法有效驾驶证驾驶，或驾驶无有效行驶证的机动车	80%
6	战争、军事冲突、暴乱或武装叛乱	63%
7	核爆炸、核辐射或核污染	63%

一些公司去掉了最后两条关于战争和核爆炸的标准免责条款，占比为 11%。另一些公司仅保留 3 条标准免责条款，进一步去掉了第 4 和第 5 两条，

[1] 由于四舍五入，本报告一些统计表上述占比加总可能与 100% 略有差别。

这两条中部分包含在第 2 条犯罪的免除项中。2018 年报备的定期寿险产品中，个别公司进一步去掉了第 1 条，将免责条款仅保留了第 2 和第 3 条。

个别公司因为对于意外导致的身故或全残进行额外的赔付，在标准免责条款中增加了对于意外导致的身故或全残的 8 条免责条款，具体如下：

（1）被保险人醉酒、斗殴；

（2）被保险人猝死；

（3）被保险人患精神疾病；

（4）被保险人因疾病、中暑、妊娠、流产、分娩、药物过敏、食物中毒、整容手术或其他医疗导致的伤害；

（5）被保险人未遵医嘱，私自服用、涂用、注射药物，使用管制药品；

（6）被保险人进行潜水、滑水、滑雪、滑冰、驾驶滑翔机或滑翔伞、跳伞、蹦极、攀岩运动或探险活动；

（7）被保险人进行武术比赛、摔跤、赛马、赛车、驾驶卡丁车或特技等高风险活动；

（8）被保险人进行高处作业。

个别公司在免责条款中增加了“因从事本合同所附《高危职业表》中所列职业活动而遭受意外伤害的”条款。该项责任的免除并不常见，保险公司通常在投保须知中对于高危职业进行排除，在免责条款中体现则属于过度免责。

此外，有些定期寿险产品对航空意外导致的身故或全残进行加倍赔付，对此项保险责任，保险公司通常在标准免责条款的基础上额外添加 7 条免责条款，其中第 6 条和第 7 条为航空相关免责条款，其他的条款和意外导致的身故或全残所对应的条款无大差别。具体免责条款如下：

（1）自杀；

（2）斗殴、醉酒；

（3）未遵医嘱，私自服用、涂用、注射药物；

（4）猝死；

（5）精神和行为障碍；

（6）违反承运人关于安全乘坐的规定；

（7）违反交通管理部门的规定。

从 2018 年报备的定期寿险产品总体来看，96% 的产品将免责条款数量限制在 7 条及以内；部分产品由于承担了额外的赔偿责任，保险公司通过对额外赔偿责任增加免责条款数量来维护自身利益；若排除额外的赔偿责任，传统型定期寿险（仅包含身故和全残赔偿责任）的免责条款在 2018 年报备的定期寿险产品中仅 2 款产品的免责条款数量多于 7 条。逐步减少免责条款数量至 3 条是定期寿险产品发展的一个趋势。

（三）普通条款

1. 投保年龄

大部分定期寿险的最低被保险人年龄是 18 周岁，最高被保险人年龄限制在50—65周岁之间，最高投保年龄为55周岁的占比有显著的上升。投保年龄统计结果见表3和表4。

表3：定期寿险产品最低投保年龄统计表

最低投保年龄		0周岁	18周岁	20周岁	其他
比例	2017年及以前	4%	85%	8%	——
	2018年	12%	79%	6%	2%
变化趋势		↑	↓	↓	——

表4：定期寿险产品最高投保年龄统计表

最高投保年龄		45周岁	50周岁	53周岁	55周岁
比例	2017年及以前	——	38%	——	19%
	2018年	3%	21%	1%	30%
变化趋势		——	↓	——	↑
最高投保年龄		60周岁	64周岁	65周岁	66周岁
比例	2017年及以前	23%	——	19%	——
	2018年	24%	1%	18%	1%
变化趋势		↑	——	↓	——

2. 保险期间

定期寿险的保险期间通常有两种，固定期限或至固定年龄，通常一个产品会提供多种保险期间。在固定期限中，20年固定保险期间最为常见，在保障至固定年龄中，保障至60周岁最为常见。保险期间统计结果见表5和表6，保险期间有降低的趋势。

表 5：定期寿险产品固定保险期间统计表

保险期间		3 年	5 年	10 年	15 年
比例	2017 年及以前	——	——	62%	19%
	2018 年	1%	9%	57%	22%
变化趋势		——	——	↓	↑
保险期间		20 年	25 年	30 年	35 年
比例	2017 年及以前	77%	15%	81%	——
	2018 年	84%	6%	78%	1%
变化趋势		↑	↓	↓	——

表 6：定期寿险产品保障至固定年龄保险期间统计表

保险期间至		50 周岁	55 周岁	60 周岁	65 周岁	66 周岁	70 周岁
比例	2017 年及以前	15%	12%	69%	12%	—	65%
	2018 年	4%	21%	76%	31%	1%	73%
变化趋势		↓	↑	↑	↑	—	↑
保险期间至		75 周岁	77 周岁	80 周岁	88 周岁	100 周岁	—
比例	2017 年及以前	—	—	15%	4%	4%	—
	2018 年	4%	1%	21%	7%	1%	—
变化趋势		—	—	↑	↑	↓	—

3. 交费方式

定期寿险的交费方式分为趸交、固定交费年限和交费至固定年龄。定期寿险的特点之一是一般会提供和保险期间相同的交费方式，如保险期间为 30 年则交费期间也为 30 年。交费方式统计结果见表 7 和表 8，可以看出期交的比例增加且有交费期限加长的趋势。

表 7：定期寿险产品固定交费年限统计表

交费方式		趸交	3 年	5 年	10 年	15 年	20 年	25 年	30 年
比例	2017 年及以前	69%	—	46%	85%	15%	85%	4%	58%
	2018 年	52%	20%	59%	97%	41%	98%	11%	67%
变化趋势		↓	—	↑	↑	↑	↑	↑	↑

表 8：定期寿险产品交费至固定年龄统计表

交费期至		50 周岁	55 周岁	60 周岁	65 周岁	70 周岁
比例	2017 年及以前	8%	4%	19%	4%	12%
	2018 年	3%	11%	27%	8%	14%
变化趋势		↓	↑	↑	↑	↑

4. 犹豫期

从统计结果来看，2018 年定期寿险产品的犹豫期更多采用 15 天，给予投保人更多的时间考虑。其中有 59% 的产品犹豫期设置大于等于 15 天，这样的设置对被保险人更加友好。犹豫期统计结果见表 9。

表 9：定期寿险产品犹豫期天数统计表

犹豫期		10 天	15 天	20 天
比例	2017 年及以前	73%	12%	15%
	2018 年	40%	52%	7%
变化趋势		↓	↑	↓

5. 等待期

等待期统计结果见表 10。

表 10：定期寿险产品等待期统计表

等待期		90 天	180 天	其他
比例	2017 年及以前	27%	50%	23%
	2018 年	39%	51%	10%
变化趋势		↑	↑	↓

从统计结果来看，2018 年采用等待期 90 天的定期寿险产品比例明显上升，从 27% 变为 39%，这样的设置对被保险人更加友好。

等待期内的责任设置最常见的方式为，等待期疾病身故退还保费，意外身故给付基本保额，该类型占比 77%。个别产品等待期不区分疾病和意外身故，均退还保费。另有提高等待期疾病身故责任的设计，例如若被保险人等待期内因疾病身故，给付 120% 已交保费。个别产品甚至无等待期设置，只要被保险人身故，保险公司便给付基本保额。

（四）投保规则

投保规则是投保人在填写投保单时的一些要求和规则，往往容易被投保人所忽略，一般通过“投保须知”或“健康告知”来反映，包括了投保时的一些具体要求，例如职业类别限制、健康告知、最高保额以及其他限制等。如果不能做到如实健康告知，在两年可抗辩期内，保险公司可能会因为投保人未履行如实告知义务而拒绝赔付保险金额。

从调研的定期寿险产品来看，投保规则特别是健康告知部分存在较大差异。一些不能构成保险公司加费因素的健康项目存在于健康告知里，作为健康告知排除项，如此严格的要求对被保险人而言不是很合理。调研显示，健康告知的复杂性使得其标准化势在必行。

1. 职业类别限制

一般情况下，定期寿险对职业类别不进行限制，职业类别限制主要用于意外险。保险行业一般将职业类别划分为6类，但没有统一的分类，各家公司有自己的分类规定，但大致相仿。由于很多定期寿险包含了全残责任，所以不少定期寿险对于高风险的职业（部分5类和6类职业）进行了限制，或拒保或加费承保。网销热门产品大多对高风险职业进行了限制。职业类别的限制通过“投保须知”或“健康告知”实现。

2. 保额限制

定期寿险的特点之一便是高杠杆率，通过付出较少的保费即可获得较高保额的风险保障。定期寿险的免体检保额逐年升高，2018年北上广等经济发达地区的公司的定期寿险中，0—40岁被保险人的免体检的保额都在100万元以上，150万元和200万元也并不鲜见。40岁以上，或其他地区的免体检保额也都达到50万元。此外，有公司通过邮件或其他智能核保系统等创新方式来提升免体检保额。

对于提供体检报告的定期寿险，在财务核保规则下，保额一般不超过年收入的10—20倍。当前市场上的保额甚至可以做到2000万元。

3. 健康告知

健康告知是投保人在投保时填写的关于被保险人的基本情况、健康状况等的问卷，作为保险公司是否决定承保的重要依据。基本情况是指被保险人的一些基本信息，普遍涉及的是一些可能对被保险人身体健康状况有潜在或长期影响的内容，比如是否抽烟、喝酒或可以侧面反映出被保险人身体状况的信息，比如身高体重等。具体的信息大致包含以下 5 个方面：身高体重、是否怀孕（被保险人为女性）、是否早产（被保险人为儿童）、抽烟与饮酒、是否吸毒或药物滥用。被保险人的健康状况是健康告知的核心内容，具体的信息大致包含以下 4 个方面：疾病、检查异常、身体异常、住院和门诊病史。

如果健康告知一切正常，核保会顺利通过，也就是保险公司会正常承保；如果健康告知存在轻微异常，提交资料后，核保部门判断风险影响较小，也会正常承保；如果健康存在严重异常，核保部门判断风险影响较大，这可能导致三种结果：加费承保、除外责任承保、拒绝承保。加费承保是指保险公司在标准保费的基础上，增收一定程度的保费承保；除外责任承保是指保险公司把合同中的某些保障利益除外，或者另外附加相关条件承保；拒绝承保是指保险公司认为投保人风险过高，无法承保。在目前的互联网产品中，有一部分产品是只要某一项健康告知内容存在异常就无法投保，另一部分产品则更加人性化，会安排代理人与投保人联系进行体检等人工核保程序。

定期寿险的健康告知主要调查被保险人是否患有或曾经患有严重疾病、是否怀孕（女性）、过往投保额度和被加费拒保历史等。不同产品要求的项目各有差异，有的公司比较严格，有的比较宽松。最常见的健康告知为：

（1）被保险人是否患有或曾经患有或已经被告知有下列疾病：恶性肿瘤、脑血管疾病、心脏疾病、心功能不全Ⅱ级（含）以上、高血压Ⅱ级（含）以上、糖尿病、冠心病、心肌梗塞、呼吸衰竭、肺心病、肝硬化、慢性肾脏疾病、肾功能不全、再生障碍性贫血、癫痫、系统性红斑狼疮、性传播疾病、白血病、慢性酒精中毒、精神疾病、智力障碍、阿尔兹海默氏病（老年痴呆或早老年痴呆症）、帕金森氏病、重症肌无力、多发性硬化症、失明、瘫痪、先天性疾病、遗传性疾病；身体畸形或残疾；艾滋病患者或艾滋病病毒携带者，曾经或正在吸毒？

（2）（妇女适用）被保险人现在是否怀孕28周以上或产后两个月以内？

（3）被保险人是否曾被保险公司拒保、延期承保、附加条件承保、加费或解除过保险合同？

个别公司对良性肿瘤，如“体表或体内肿块、息肉、结节、囊肿”或“甲状腺结节”等非严重疾病进行了限制。这种限制对于定期寿险来说有点过于严格。

有些定期寿险虽然没有区分吸烟人群和非吸烟人群，但是在健康告知中限制重度吸烟人群，例如“被保险人每日吸烟是否达到40支及以上”等类似描述。

另有公司通过健康告知了解被保险人是否有在其他公司投保超过一定限额的寿险保障。这个限额有的公司规定为80万元，有的公司规定为300

万元。

4. 其他限制

有的公司对高风险运动进行了限制，如果投保人参加高风险运动，将无法投保。高风险运动也是通过“投保须知”或“健康告知”进行限制，其基本限制与因意外导致的身故或全残的额外免责条款类似，可以说变相地对高风险运动进行了排除。基本写法如下：“是否有危险嗜好或从事危险活动，如赛车、赛马、滑雪、攀岩、蹦极、跳水、拳击、武术、摔跤、探险或特技活动及其他高风险活动。”

三、优选定期寿险

（一）优选定期寿险介绍

当前市场上的主流寿险产品主要采用年龄、性别作为费率依据，优选定期寿险在年龄性别之外，增加是否吸烟作为费率依据，能够按照被保险人的健康情况为身体条件更优的客户提供更便宜的费率。

2011年，中国人民人寿保险公司推出了第一款精心优选定期保险产品，2017年，随着互联网的进一步发展和互联网寿险比价系统的出现，优选寿险的价格优势得以更好地体现，加之“保险姓保”理念的推广，定期寿险的关注度越来越高，因此越来越多的保险公司开发优选寿险产品。2018年报备的优选定期寿险，一次次刷新定期寿险产品的底价，为身体健康的投保人提供了费率更加公平的产品。

（二）优选分析

优选寿险的最大优势就是通过分级，为健康的人群提供更便宜的保障。当前市场上的优选产品多分为5—6个级别，通常非吸烟体3个级别，吸烟体2—3个级别，分别为：

（1）非吸烟：超优体、优选体、标准体；

（2）吸烟：超优体（2个级别的没有此选项）、优选体、标准体。

各个公司优选定期寿险的分级标准名称各有不同，但分类依据大致相同，此分类方法和当前北美市场主流寿险产品的分类相似，其中最贵的吸烟标准体定期寿险的价格约为最便宜的非吸烟超优体的三倍。

四、夫妻共保定期寿险

“夫妻共保”顾名思义，是指一份定期寿险保单为夫妻二人提供保障，被保险人是夫妻双方。在2018年以前，个别公司曾推出过少量共保寿险，在市场沉寂了多年以后，2018年某专注于互联网保险产品的寿险公司再次升级夫妻共保定期寿险产品，是今年定期寿险产品市场的一大创新。

夫妻共保定期寿险与普通定期寿险的区别主要体现在投保条件上，夫妻共保定期寿险要求被保险人是达到法定结婚年龄的夫妻，并且投保时夫妻双方均需要满足该产品的健康告知要求。此外，夫妻共保定期寿险产品对受益人的选择进行了限制，夫妻必须互为第一顺位受益人，第二顺位受益人可以自由选择。

由于2018年报备的夫妻共保定期寿险数量不多，为了体现该类型产品的特点和发展趋势，我们增加了2019年报备的几款夫妻共保定期寿险产品进行对比分析。

2018年报备的夫妻共保定期寿险提供的保障责任主要为：

◆ 夫妻一方或双方在等待期内因非意外原因身故或全残，保险公司退还已交保费，保险合同终止；

◆ 夫妻一方因意外或在等待期后身故或全残，保险公司给付基本保额，保险合同终止；

◆ 夫妻双方因同一意外事故同时身故，有的产品给付2倍基本保额，有的产品仅给付基本保额。

2018年报备的夫妻共保定期寿险要求首次死亡给付，从上述保险责任中我们可以看出，首次死亡给付的夫妻共保定期寿险产品夫妻共享保额，即在仅有一位被保险人身故的情况下，保险公司给付保险金后保险合同便终止了，另一位被保险人便失去了定期寿险的保障，2019年报备的夫妻共保定期寿险产品对此进行了升级。

2019年报备的夫妻共保定期寿险的保险责任主要为：

◆ 夫妻一方或双方在等待期内因非意外原因身故或全残，保险公司退还已交保费，保险合同终止；

◆ 夫妻一方因意外或在等待期后身故或全残，保险公司给付基本保额，保险合同不终止；

◆ 夫妻另一方因意外或在等待期后身故或全残，保险公司给付基本保额，保险合同终止；

◆ 夫妻双方因同一意外事故身故或全残，保险公司给付 4 倍基本保额。

最后对夫妻共保定期寿险费率进行对比分析，以夫妻双方均为 30 岁，20 年交费，20 年保险期间，1000 元基本保额的产品为例，结合部分 2018 年报备的优选定期寿险和普通定期寿险数据进行对比分析，结果如表 11 所示。

表 11：夫妻共保产品对比表

保险产品	千元保额费率
夫妻共保定期寿险 A（2018 年）	1.45
夫妻共保定期寿险 B（2018 年）	1.70
夫妻共保定期寿险 C（2019 年）	1.33
夫妻共保定期寿险 D（2019 年）	1.39
传统定期寿险 A	1.87
传统定期寿险 B	1.19
优选定期寿险 A（最优体）	0.73
优选定期寿险 A（最差体）	1.43
优选定期寿险 B（最优体）	0.61
优选定期寿险 B（最差体）	1.03

2018 年报备的夫妻共保定期寿险的费率与传统型定期寿险费率差别不大，由于存在夫妻共享保额且妻双方因同一意外事故身故或全残的概率可以忽略不计，夫妻双方实质上仅一人获得了定期寿险的保障，如果夫妻双方的健康状况良好，夫妻双方均投保优选定期寿险则可以相近的价格获得充足的保障（夫妻投保夫妻共保定期寿险 A 与夫妻双方分别投保优选定期

寿险 A 两种情况相对比）。由此可以看出，2018 年报备的夫妻共保定期寿险产品在市场竞争中无优势可言。

2019 年报备的夫妻共保定期寿险的费率相比于 2018 年有所降低，并且由于其取消了夫妻共享保额，真正意义上实现了“一张保单保两人”的夫妻共保。从费率中可以看出，2019 年的夫妻共保产品的费率低于优选定期寿险 A 的最优体费率的 2 倍，说明即使在夫妻双方身体健康状况良好的情况下，投保夫妻共保定期寿险相比于夫妻双方分别投保优选定期寿险仍具有价格上的优势，并且获得的保障额度也更高（详见上文 2019 年夫妻共保产品保险责任介绍）。此外，现实生活中夫妻双方身体健康状态均能达到优选定期寿险产品最优体健康要求的情况是少之又少的，因此，2019 年的夫妻共保定期寿险产品将占据定期寿险市场一定的份额。

五、定期寿险产品比较分析

为了比较定期寿险产品价格的分布和变化情况。我们对市场上部分普通定期寿险产品进行抽样价格对比。依据 2018 年各保险公司的保费规模，我们将保险公司分为：大型公司、中型公司和小型公司。分别从大型公司、中型公司和小型公司中抽取 3 个主流产品，选取以被保险人为 30 周岁男性，基本保额为 1000 元，保险期间为 20 年和交费期限为 20 年的定期寿险产品的费率，对比结果见表 12。每千元保额的平均保费为：大型公司 1.60 元，中型公司 1.50 元，小型公司 1.32 元。若以大型公司的费率为基准，中型公司的费率约降低 6%，小型公司约降低 18%，且大型公司的各个公司的费率极差也比中小型公司大。

表 12：三类公司定期寿险产品对比表

公司分类	公司	费率
大型公司	公司 A	1.33
	公司 B	1.87
	公司 C	1.59
大型公司平均费率		1.60
中型公司	公司 D	1.48
	公司 E	1.30
	公司 F	1.71
中型公司平均费率		1.50
小型公司	公司 G	1.20
	公司 H	1.19
	公司 J	1.56
小型公司平均费率		1.32

保险期间定期寿险 2018 年的平均价格相较于 2017 年的平均价格下降了 23%，可以看出各公司为抢占定期寿险市场对保费进行了更精细的控制。

定期寿险因为产品利益只有简单的身故责任，理论上同等条件只需要直接比较价格即可，但是由于各公司产品责任设计不同、等待期长短和等待期内责任的设置不同、健康告知和免责条款内容不同，直接比较价格不能够完全反映产品的真实性价比，因此我们按照自建定价系统对产品进行了逐一重新定价，并以此为基准进行对比分析，将各产品放到了同一个可比标准中进行评级，具体结果见表 13。该结果反映了产品的各项特性，体现了产品的真实性价比。

表 13：三类公司定期寿险产品对比表

公司分类	公司	费率	价格评级	排名
大型公司	公司 A	1.33	★★★★	1
	公司 B	1.87	★★★	3
	公司 C	1.59	★★★	2
大型公司平均费率		1.6	★★★	——
中型公司	公司 D	1.48	★★★★	2
	公司 E	1.30	★★★★	1
	公司 F	1.71	★★★	3
中型公司平均费率		1.50	★★★	——
小型公司	公司 G	1.2	★★★★	1
	公司 H	1.19	★★★★	2
	公司 J	1.56	★★★	3
小型公司平均费率		1.32	★★★★	——

可以看到价格评级的整体格局没有变化，大型公司评级相对较低，小型公司产品的评级较高。公司 A 产品虽然保费高于公司 G，价格评级星级却相同，其原因就是由于其产品特性中的设计带来的价格差异。同样的情况出现在公司 B 和公司 J 的产品上。

接下来我们选取了 11 款优选定期寿险产品与上述普通型定期寿险进行对比分析，分析结果见表 14。

表 14：定期寿险优选产品对比表

优选定期寿险	最优体费率	价格评级	最差体费率	价格评级
产品 A	1.25	★★★★	2.08	★★★
产品 B	1.37	★★★★	3.27	★
产品 C	1.18	★★★★	1.31	★★★★
产品 D	1.19	★★★★	1.32	★★★★
产品 E	1.16	★★★★	1.45	★★★★
产品 F	1.5	★★★	3.5	★
产品 G	0.73	★★★★★	1.43	★★★★
产品 H	0.61	★★★★★	1.03	★★★★
产品 I	0.82	★★★★★	1.27	★★★★
产品 J	2.29	★★	3.16	★
产品 K	0.93	★★★★★	2.39	★★
平均	1.18	★★★★	2.02	★★★

可以看出，优选定期寿险对于低风险人群不论从价格还是评级都比不区分人群的产品更具有优势，其价格相较于大型公司非优选定期寿险的价格便宜了 26%，而最差体人群优选寿险的价格相较于小型公司非优选定期寿险贵了 53%。这样一来，不吸烟身体条件好的人群更倾向于购买优选产品，而身体条件一般的人群会去选择非优选产品，可以预见未来各公司由于产品策略和核保的差异、人群细分的选择，公司之间的经营会出现更大的差异。

六、定期寿险产品展望

定期寿险作为发达保险市场的主流保障类寿险产品，市场份额一直维持在一个较高水平。而在国内市场，由于保险意识、销售渠道等多方面因素一直没有很大的发展，价格也与发达保险市场的差异较大。随着消费者意识的加强，加之监管层对“保险姓保”政策的长期坚持，定期寿险的发展空间将会不断扩大且可能出现快速发展的趋势。我们在市场调研中也看到了各家公司在产品设计、健康告知等方面的探索，特别是优选定期寿险的大力发展，以及夫妻共保定期寿险的出现，为消费者提供了更廉价的产品以及更多样化的产品选择。

为了更好地服务保险消费者，我们对定期寿险提出以下的发展建议：

（一）优化优选定期寿险产品设计

定期寿险的费率确定主要是基于目标人群的死亡率分布，对目标被保险人群的死亡率分布的研究是该产品健康快速发展的基础。优选定期寿险定价时会考虑吸烟等被保险人的日常生活方式因素，这是由于多方研究证明吸烟提升了吸烟者的患病概率，从而实质性地影响了吸烟者的死亡率，导致吸烟者的死亡风险更高，相应的吸烟者应付出更多的保费来获取风险保障。但是个别产品以“优选”为名在产品设计中加入了许多诸如“学历”、“收入”等因素，虽然这些因素从保险公司的赔付结果来看有一定的影响，但是否这些被保险人的个体社会因素标签与死亡率有统计显著的相关性还有待进一步的实证研究支持。

此外，虽然优选费率低廉，但是从销售结果来看，真正享有优选费率的人群并不多，绝大部分定期寿险购买者仍为标准费率。这主要因为优选定期寿险的“优选条件”打破了销售流程。比如，为了可以享受优选费率，保险公司要求被保险人提供体检报告。实际上，很多消费者因为怕麻烦或其他顾虑，投保时不愿意参加体检或提供体检信息。此外，部分优选产品还需对被保险人进行吸烟判定。若采取健康告知方式，则存在大量不如实告知风险；若采取吸烟监测的方式，则会再一次打断销售流程，减少保单销售。因此优选定寿的产品设计仍需优化，例如已经有保险公司在条款中加入戒烟鼓励等条款使得销售流程连续并更好地防范道德风险。未来，“无感优选”将是行业努力的方向。

（二）避免恶性竞争式降价

2018 年许多中小型保险公司为抢占互联网保险市场，推出了许多优选型定期寿险，一次次地刷新了定期寿险产品的底价，消费者也乐于接受性价比更高的产品，但是市场应注意防范降价行为背后的风险，个别小型保险公司由于推出产品价格过低，偿付能力已经逼近监管机构设定的红线，消费者在购买产品时要充分考虑保险公司的各个方面指标，不能单纯依靠产品价格进行判断。保险行业应该充分研究损失分布的基准信息，保险公司应共同努力避免出现恶性的竞争降价，在合理定价的同时要提升自身服务质量，以合理的价格和优质的服务来吸引更多的消费者。

分报告二
终身寿险产品市场调研报告

一、终身寿险产品市场状况

（一）终身寿险产品市场发展状况

中国保险行业协会在“2018中国寿险业十月前海峰会”上首次发布《寿险产品保障升级与创新》报告，就我国寿险企业的未来核心竞争力——产品的保险升级和创新能力展开了深入探讨。为实现寿险产品的保障升级和创新，报告提出产品持续创新的三个关键能力：一是深挖客户洞见，以客户为中心驱动产品创新；二是引入敏捷产品开发方法，回应瞬息万变的客户需求和市场态势；三是拥抱创新技术应用，以创新科技与大数据分析有效地改善产品设计与客户旅程。

一直以来，终身寿险产品都是寿险公司的标配产品。然而，由于客户需求、销售习惯和保险公司自身经营等原因，终身寿险产品目前尚未成为寿险公司尤其是中小公司的重点经营的险种。截止到目前，终身寿险的销售卖点一般有三种情形：作为终身重疾的主险；由于后期现价超过所交保费，在销售中被包装成可以返还保费的“两全”险；财富传承的工具。随着我国经济的持续发展和人们生活水平的不断提高，风险管理与财务管理意愿愈发强烈，终身寿险将迎来更广阔的发展空间。

2018 年终身寿险市场相对比较平淡，虽然新开发的终身寿险产品数量上涨了很多，但占比保持稳定。产品形态上没有更多的变化，增额终身寿险还是主流产品。产品定价费率上也没有太大改变，由于终身寿险的价格对优选分级不像定期那么明显，优选终身寿险的发展也比较缓慢。2018 年终身寿险的唯一亮点是夫妻共保终身寿险的推出，但仅仅是一家公司的行为，并且销量有限。

（二）终身寿险产品报备状况

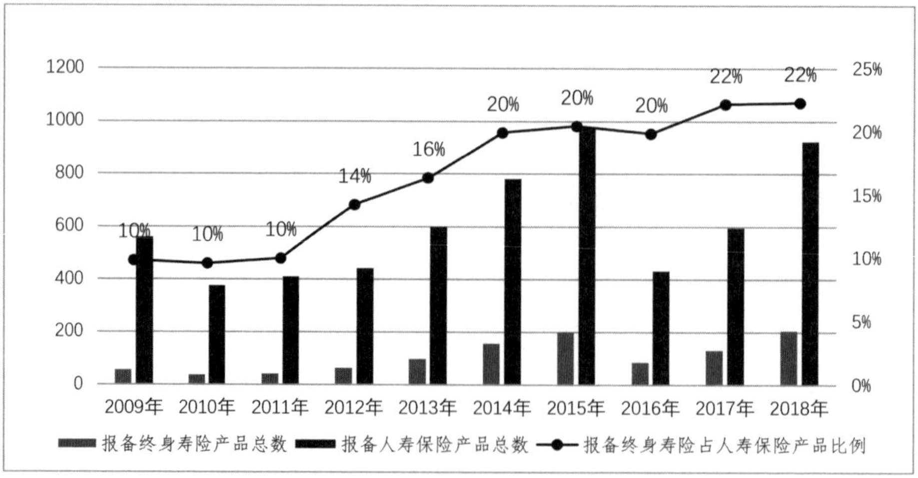

图 1：2009—2018 年终身寿险产品报备情况

2018 年保险公司报备的个人终身寿险产品约 210 个，占所有报备个人保险产品的 4.8%，占人寿保险产品的 22%。在人寿保险中占比呈逐年增高趋势。

（三）终身寿险产品数据分析来源

《分报告二——终身寿险产品市场调研报告》的分析数据均来自市场公开信息，如产品条款、产品费率等。本分报告以下的统计分析结果基于 80 余款报备年度为 2018 年的终身寿险产品。

二、终身寿险产品分类

按照保额是否可变，终身寿险产品可划分为定额终身寿险和增额终身寿险。

定额终身寿险是指在保险期间内保额保持不变的终身寿险；增额终身寿险是指在保险期间内保额逐年增长的终身寿险。

三、终身寿险产品特征分析

报告对 2018 年市场上新出现的主流终身寿险产品进行分析。

（一）保险责任

终身寿险保险合同包括的主要责任有身故和全残。身故（全残）责任，即被保险人在保险期间内身故（全残），得到身故（全残）保险金赔付。

在 2018 年报备的终身寿险产品中，同时提供身故和全残保障的终身寿险占比为 53%，其余终身寿险仅提供身故保障。

同时，2018 年报备的终身寿险产品中，约 56% 的产品是增额产品，即有效保额会在基本保额的基础上以一定比率随保单年度数增长；增额率多为每年 3%。终身寿险产品保险统计结果见表 1。

表 1：终身寿险产品保险责任统计表

保险责任	定额	增额
有全残责任	24%	29%
无全残责任	20%	27%

（二）免责条款

2018 年新报备的终身寿险产品中，超过半数的产品免责条款设计为 7 条。免责条款数量的统计结果如表 2 所示。

表 2：终身寿险产品免责条款数量统计表[1]

免责条款数量	3 条	4 条	5 条	6 条	7 条	7 条以上
比例	24%	3%	9%	6%	54%	3%

免责条款一般从被保险人或投保人的故意行为（如自杀）、不可抗力因素（如自然灾害）、犯罪行为或战争核爆炸等方面进行设计。

大部分公司直接采用行业协会标准化条款中寿险的 7 条免责条款，不

[1] 由于四舍五入，本报告一些统计表上述占比加总可能与 100% 略有区别。

作改动或结合各自产品特点稍作改动，部分公司会将下列某两条免责条款合并为一条，造成产品免责条款较少的假象。标准免责条款见表 3。

表 3：终身寿险产品免责条款情况统计表

免责条款		比例		变化趋势
		2018 年	2017 年及以前	
1	投保人对被保险人的故意杀害、故意伤害	100%	100%	→
2	被保险人故意犯罪或者抗拒依法采取的刑事强制措施	100%	99%	↓
3	被保险人在本合同成立日或最后复效日（以较迟者为准）起两年内自杀，但被保险人自杀时为无民事行为能力人的除外	100%	100%	→
4	被保险人主动服用、吸食、注射毒品	89%	76%	↓
5	被保险人酒后驾驶，无合法有效驾驶证驾驶，或驾驶无有效行驶证的机动车	88%	76%	↓
6	战争、军事冲突、暴乱或武装叛乱	100%	66%	↓
7	核爆炸、核辐射或核污染	100%	64%	↓

对于 2018 年报备的终身寿险产品，7 条免责条款中 5 条比例有所下降，其余 2 条比例保持不变，表明 2018 年报备的终身寿险产品较 2017 年及以前，免责条款数量整体下降。

（三）普通条款

1. 投保年龄

大部分终身寿险的最低被保险人年龄为 0 周岁（28/30 天），最高投保年龄限制在60—75周岁之间。少儿终身寿险的最高投保年龄均限制在17周岁，所以在下表中暂不体现。最高投保年龄为60周岁的占比显著下降，然而70周岁的占比有显著的上升。投保年龄统计结果见表4和表5。

表4：终身寿险产品最低投保年龄统计表

最低投保年龄		0周岁	18周岁	50周岁
比例	2017年及以前	70%	28%	1%
	2018年	86%	13%	1%
变化趋势		↑	↓	——

表5：终身寿险产品最高投保年龄统计表

最高投保年龄		小于60周岁	60周岁	65周岁	70周岁	75周岁	大于75周岁
比例	2017年及以前	——	28%	27%	17%	5%	——
	2018年	5%	13%	20%	38%	13%	12%
变化趋势		——	↓	↓	↑	↑	——

2. 交费方式

大部分终身寿险的交费方式分为趸交、固定交费年限和交费至固定年龄，并同时提供多种交费方式的选择权。提供的交费方式统计结果见表6和表7。

表6：终身寿险产品固定交费年限统计表

交费方式	趸交	3年	5年	10年	15年	20年	25年	30年
比例	79%	75%	95%	95%	63%	85%	1%	14%

表 7：终身寿险产品交费至固定年龄统计表

交费期至	55 周岁	60 周岁	65 周岁	70 周岁
比例	4%	4%	2%	1%

3. 犹豫期

超过半数终身寿险产品的犹豫期设置为 15 天，其他产品大多设置为 10 天或 20 天，少数犹豫期为 10 天的产品在银保渠道销售的犹豫期为 15 天。犹豫期统计结果见表 8：

表 8：终身寿险产品犹豫期天数统计表

犹豫期		10 天	15 天	20 天	30 天
比例	2018 年	31%	58%	10%	1%

4. 等待期

2018 年新报备的终身寿险产品的等待期统计分析结果见表 9。

表 9：终身寿险产品等待期统计表

等待期		60 天	90 天	180 天
比例	2017 年及以前	——	33%	60%
	2018 年	3%	40%	57%
变化趋势		——	↑	↓

从统计结果来看，2018 年采用等待期 90 天的终身寿险产品比例上升，从 33% 变为 40%，这样的设置对被保险人更加友好。

等待期内的责任设置最常见的方式为，等待期内疾病身故退还保费，意外身故给付基本保额，该类型占比超过90%。个别产品提高了等待期内疾病身故的给付责任，给付120%已交保费。另有个别产品等待期内疾病身故给付现金价值。

（四）利益责任

1.保单贷款

保单贷款指在合同有效期内，投保人可以书面形式向保险公司申请贷款，还款时需偿还本金和利息。2018年新报备的终身寿险产品中，约99%的产品均可以申请保单贷款；最高贷款金额多为申请时现金价值净额的80%；每次贷款最长期限多为6个月或180天。

2.年金转换权

年金转换权指投保人可选择在约定年龄申请将全部或部分现金价值作为一次性交清的保险费购买年金保险，为养老提供长期稳定保障。

2018年新报备的终身寿险产品中，约28%的产品提供年金转换权。

（五）其他责任设置

1.基本保额变更

基本保额变更指投保人可申请增加或减少保险合同的基本保额。

大多数增加基本保额的产品对申请时间有一定限制，如“合同生效后每届满五周年后的第一个合同生效对应日或被保险人结婚，或其子女出生后的第一个合同生效对应日”。基本保额增加部分的保险费仍按被保险人原投保时的年龄计算，但需补交有关费用。

减少基本保额的产品中，基本保额减少的部分常视为退保，给付基本保额减少部分对应的现金价值。减少后的基本保额不得低于保险公司规定的最低金额。

2018 年新报备的终身寿险产品中，约 41% 的产品有基本保额变更的选择权，且大部分为增额终身寿险。其中 10% 的产品包含增加和减少基本保额两种选择权利，29% 的产品仅包含减少基本保额的权利，2% 的产品仅包含增加基本保额的权利。

2. 投保人身故或全残豁免保险费

投保人身故或全残豁免保险费指投保人在满足一定条件下身故或全残时，可免交自投保人身故或被确定全残之日起的续期保险费，已豁免保费视为已交，保险合同继续有效。

2018 年新报备的终身寿险产品中，有 7 款产品提供了此项选择权利，同时对投保人的身故或全残的约束条件均为意外事故导致和年龄限制（未满 60 周岁或 70 周岁）。保费豁免的免责条款数量通常为 5 至 10 条不等。

3. 意外（航空意外）身故或全残额外给付

意外（航空意外）身故或全残额外给付指被保险人遭受意外（航空意外）伤害事故，并因本次伤害事故直接导致被保险人在该事故发生之日起 180 日内身故或全残的，且被保险人身故或全残时满足一定条件（如已满 18 周岁），保险公司在给付身故或全残保险金的同时，按照合同约定额外给付意外（航空意外）身故或全残保险金。

2018 年新报备的终身寿险产品中，有 4 款产品提供了此项权利，其中一款产品将此项权利设计为可选责任，使投保人在投保时有更灵活的选择。

四、终身寿险产品比较分析

2018 年新报备的终身寿险产品，基于保险责任可划分为四类：定额带全残责任、定额无全残责任、增额带全残责任以及增额无全残责任。依据 2018 年各保险公司的保费规模，我们将保险公司分为：大型公司、中型公司和小型公司。我们对市场上部分终身寿险产品根据产品种类和公司规模分别进行抽样价格对比，选取以被保险人为 30 周岁男性，基本保额为 1000 元，保险期间为终身，交费期限为 20 年的终身寿险产品的费率。考虑到不同的增额率对产品的保费有一定影响，我们选择增额率为 3% 的产品进行统计分析。对比结果见表 10。

表 10：不同保险责任三类公司终身寿险产品对比

保险责任	公司分类	公司	年龄限制	千元保额保费	价格评级	综合评级
增额全残	大型公司	公司 A	30 天—65 周岁	63.46	★★★	★★★★★
	中型公司	公司 B	30 天—70 周岁	59.65	★★★★	★★★
	小型公司	公司 C	7 天—70 周岁	78.82	★★★	★★★
增额无全残	大型公司	公司 D	28 天—65 周岁	92.20	★★	★★★
	中型公司	公司 E	7 天—65 周岁	72.30	★★★★★	★★★★
	小型公司	公司 F	7 天—65 周岁	67.60	★★★★	★★★★
定额全残	大型公司	公司 G	28 天—70 周岁	30.30	★★★	★★★★
	中型公司	公司 H	30 天—70 周岁	16.98	★★★	★★★
	小型公司	公司 I	18—65 周岁	15.95	★★★	★★★

续表

定额无全残	大型公司	公司 J	28 天—70 周岁	17.06	★★★	★★★★
	中型公司	公司 K	28 天—70 周岁	23.04	★★	★★★
	小型公司	公司 L	28 天—60 周岁	16.20	★★★	★★

但从价格来看增额终身寿险产品费率远高于定额终身寿险产品，这是由于保额逐渐增大提供了更多的保障。以“增额全残—大型公司”公司 A 和“定额全残—大型公司”公司 G 为例，公司 A 费率比公司 G 高一倍多。若只看费率，公司 G 价格更便宜，但如果同时考虑费率与对应的责任，两款产品价格分评级相同，反映出不同的保险责任对应不同的保险风险，进而对应了不同的产品价格，因此不能直接通过简单的费率对比来评价产品的好坏，要看费率与责任是否匹配。此外，综合分评级公司 A 更高，这是由于除去价格意外，综合考虑了公司的品牌服务和风控水平之后，整体而言公司 A 产品更具有竞争力。

五、终身寿险产品展望

（一）产品创新是行业发展的驱动力

纵观国外成熟寿险市场的发展历程，保险产品的创新是寿险行业发展的关键驱动因素之一，而产品的创新离不开对客户差异性需求的分析。在这之中，产品形态的变化、差异化定价以及符合特定需求的运营流程都是产品成功的必要条件。当前终身寿险产品的创新还较少，差异化定价的例子也不多，还需要各保险公司给与更多的关注，挖掘消费者的需求，发挥终身寿险终身保障、财富传承、资产保值的核心作用。

（二）推动增额产品和夫妻共保产品的发展

2018 年新报备的产品中，虽然增额终身寿险产品超过半数，但各产品仍有同质化的风险；如何差异性提供保险金额变动率并与险资利用进行良好匹配是各公司在优化产品时应考虑的问题。同时，2018 年仅一家公司推出一款优选终身寿险，另一家小公司推出一款夫妻共保终身寿险；保险公司应完善优选生命表、夫妻共同生命表，或是开发针对其他群体的生命表，为终身寿险的创新奠定基础。

分报告三
重大疾病保险产品市场调研报告

一、重大疾病保险产品市场状况

（一）重大疾病保险产品市场发展状况

2018 年重大疾病保险产品的发展有以下几个特点：

1. 2018 年新报备重疾险数目剧增。2018 年银保监会颁布了《中国银行保险监督管理委员会办公厅关于组织开展人身保险产品专项核查清理工作的通知》（银保监办发 [2018] 19 号），各公司对各自产品进行重新审核，一一对照银保监会列出的《人身保险产品开发设计负面清单》，修正了不合规的产品条款，其中对重疾险的疾病定义、犹豫期、等待期、生存期有一些更加详细的要求，因此 2018 年新报备的重疾险产品的数量是 2017 年的两倍。

2. 疾病种类继续增加。2018 年新上市的产品中，有些产品重疾保障数目超过了 100，平均保障疾病数持续上升，具体见图 1。

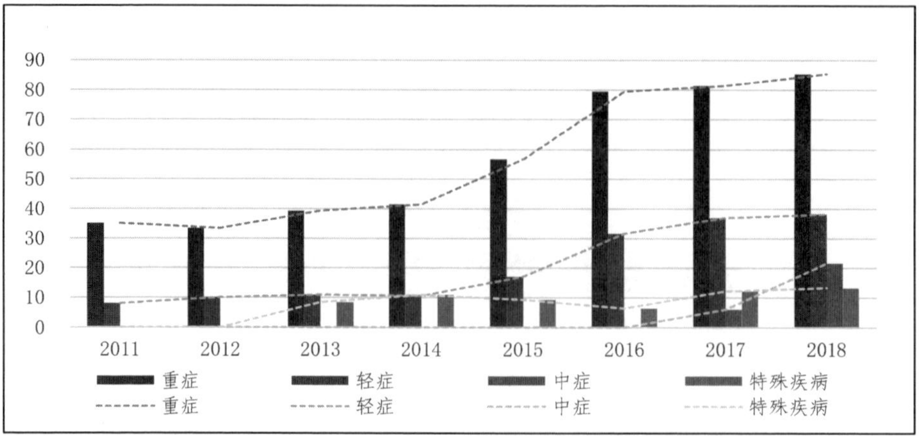

图 1：重疾险产品各类疾病平均保障数量走势图

3. 市场出现含中症的重疾险产品。除了重疾数目的上升，2018 年上市产品中首次提供了中症保障，不少公司跟进，但不少中症仅仅是在轻症的基础上提高了赔付额度。

4. 2018 年新上市的产品中，采取多重给付责任设置的重疾险产品比例增加。且出现提供癌症多次给付的重疾险产品，即被保险人首次癌症赔付后，3 年或 5 年后仍处于癌症状态，保险公司再次给付保险金额。

5. 出现一些重疾险新的探索。有些公司尝试将重疾险与医疗险相结合，另有一些公司尝试将保险金额和运动挂钩，达到运动目标可以增加保险金额。

6. 公司间竞争激烈。重大疾病保险产品价格不断刷低，带来市场不良竞争，个别激进公司偿付能力持续下降，触及监管红线。

重大疾病保险的发展也蕴含着一些问题。第一，重疾险病种设置问题仍然存在。疾病定义仍需要进一步的规范化。由于病种数目越来越多，存在不少病种拆分的情况。第二，部分创新责任的合理性仍需考量。保险公司的产品创新应以合理的风控手段为基础。此外，一些毫无依据的低价产品会从根本上扰乱重大疾病保险市场秩序。

（二）重大疾病保险产品报备情况

2018 年保险公司新报备的疾病保险产品数量约 1100 个，占 2018 年健康保险报备数量的 51%。2018 年重疾险产品报备数量剧增，这是受到相关监管法规的影响，具体见图 2。

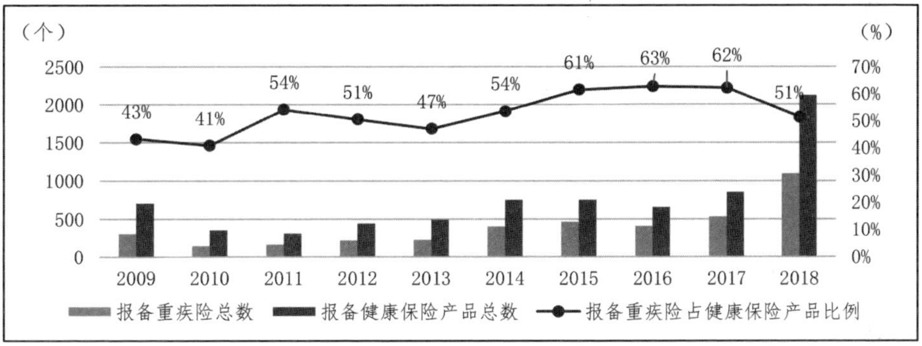

图 2：2009—2018 年重疾险产品报备情况

（三）重大疾病保险产品数据分析来源

《分报告三——重大疾病保险产品市场调研报告》的分析数据均来自市场公开信息，如产品条款、产品费率等。本分报告以下的统计分析结果基于 121 款报备年度为 2018 年的重大疾病保险产品。

二、重大疾病保险产品特征分析

报告对2018年市场上新出现的主流重疾险产品进行分析。

（一）保险责任

重大疾病保险合同包括的主要保险责任有重症、中症、轻症、特定疾病、身故、全残、终末期疾病、保费豁免以及某些医疗责任等。表1是上述责任占所有被分析的重大疾病保险产品的比例统计结果：

表1：重疾险产品主要保险责任统计表

保险责任		重症	中症	轻症	特定疾病	身故（返保额）	全残	终末期疾病	保费豁免
比例	2017年及以前	100%	——	63%	——	49%	29%	18%	——
	2018年	100%	13%	82%	32%	42%	20%	18%	68%
变化趋势		→	↑	↑	↑	↓	↓	→	↑

1. 重症责任

重症责任，即被保险人罹患合同中所列的重症疾病，得到重大疾病保险金赔付。重症具有危及生命和花费巨大两个特点，赔付额度一般为100%基本保额。

重症责任的病种保障数量、病种设置、赔付次数、赔付方式等应成为产品设计以及消费者关注的重点。

（1）重症病种数量

2018 年市场上的重大疾病保险产品，重症保障范围大约在 6 种到 120 种之间，平均水平由原来的 60 种增长为 85 种。重症数量在 70—100 种间的产品比例明显提升，由 33% 上涨到 64%。具体见图 3。

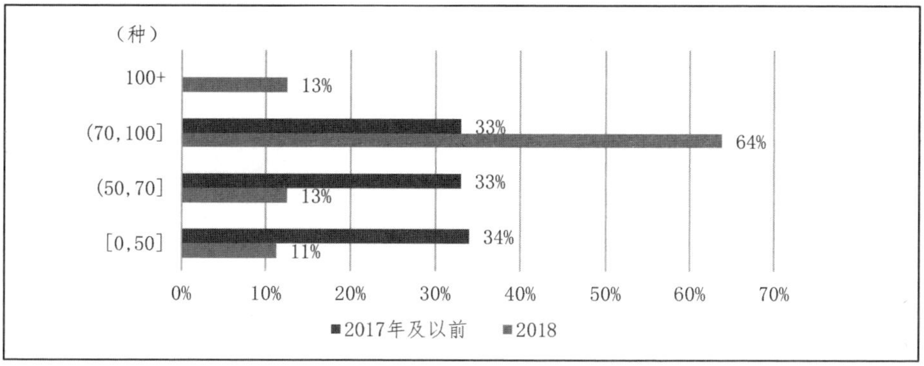

图 3：重疾险重症保障数量比例

（2）重症病种设置

从重症数量的增长趋势来看，2018 年各公司的重疾险产品在病种数量设计上普遍遵循“越多越好”的做法。其实，病种数量本身并不能完全评价一个重疾险产品的优劣。首先从发病率来看，25 种标准重疾的发生率超过 95%，额外增加的疾病对发生率影响很小。其次，还要关注产品的病种设置是否合理。部分公司盲目追求承保病种数量，将某些病种强行拆分，出现一病拆多病承保的情况，从而获取“营销包装利益”。再者是在疾病条款中设置一些发生率极低或基本已经消灭的病种来提高公司在病种上的“优势”。这种行为实际上损害了消费者的保障利益，同时也会使保险公司囿于错误的产品开发思路。爱选科技对承保病种拆分问题做了详尽研究。

关于重大疾病保险病种设置部分更深入的研究内容，请查阅爱选科技发布的《中国保险行业重大疾病保险产品病种研究报告——2019》。

（3）重症分组和赔付次数

2018 年，在分析的重大疾病保险产品中，大部分重疾险产品的重症给付责任仍为一次，多重[1]和多次[2]给付的产品比例约为 25%，其中绝大部分为多重给付产品。且多重给付产品里，60% 的产品为 5 重给付，即重症分 5 组，每组可赔付一次，一共可赔付 5 次。与 2017 年及以前的产品相比，重疾险产品设计中，分组和赔付次数均有所增加。

多重给付重疾险产品涉及疾病分组问题。如把 30 种重症划分为 4 组，同一组中的 7 种—8 种疾病，保险公司只赔付一种。如表 2 所示分组情况，即使被保险人患上终末期肾病，又遭受了严重Ⅲ度烧伤，保险公司也仅对两者中的一种进行赔付。只有当被保险人所患的多个疾病属于不同分组时，才能进行多重赔付。

表 2：多重给付重大疾病保险病种分组示例表

第一组	第二组	第三组	第四组
恶性肿瘤	脑中风后遗症	急性心肌梗塞	终末期肾病
异体移植术	良性脑肿瘤	冠状动脉搭桥术	严重 III 度烧伤
……	……	……	……

[1] 多重给付定义为承保的疾病被分为若干组，每组疾病仅可赔付一次，可多次赔付。如 5 重 3 次，即疾病分 5 组，一共可赔付 3 次。

[2] 多次给付定义为承保的疾病不分组，可多次赔付。

由于6种必保重大疾病的发病率占比超过90%，一般分组都以该6种疾病为基础进行拆分，将6种必保重疾较为均匀地分配在不同的组别，以保证各组发生率均衡。若多种高发重疾分在同一组，则分组质量较差，会损害消费者的利益。

值得注意的是，多次给付重疾险还涉及两次给付时间间隔的问题，一般为180天或365天以后才能进行下一次赔付，比例分别为66%和23%。

（4）重症赔付方式

75%左右的重大疾病保险产品在重症责任设置上较为简单，通常为“等待期内重症，退还已交保费；意外或等待期后重症，给付基本保额”。个别产品等待期内给付方式在条款中未明确。

重症责任设置较为复杂的保险产品，赔付额度会受到到达年龄、是否参加指定运动、罹患重症次数和罹患轻症次数等因素的影响。有些产品的赔付额度只与一种因素相关，如与罹患重症次数相关，保险金额随着患病次数的增加而增加。有些产品的赔付额度与两种因素相关，如与罹患轻症次数和到达年龄相关，特定年龄前随着重症前罹患轻症次数的增加，额外给付的保险金额相应增加。有些产品的赔付额度与三种因素相关，例如与是否参加指定运动、罹患轻症次数和到达年龄相关，额外给付的保险金额不仅会随着重症前罹患轻症次数的增加而增加，若被保险人参加指定运动并达到特定运动标准，也会额外给付特定的保险金额。具体举例见表3。

表 3：重症代表性特殊赔付方式汇总表

仅与罹患重疾次数相关	等待期内重疾，退还已交保费； 意外或等待期后，首次重疾，给付已交保费、现金价值与基本保额三金取大，不再承担除重疾外的其他责任； 第二次重疾，给付 105% 基本保额； 第三次重疾，给付 110% 基本保额； 第四次重疾，给付 130% 基本保额； 第五次重疾，给付 150% 基本保额； 第六次重疾，给付 170% 基本保额
仅与到达年龄相关	等待期内重疾，退还已交保费； 意外或等待期后，18 周岁前重疾，给付 200% 基本保额； 意外或等待期后，18 周岁—75 周岁重疾，给付基本保额； 意外或等待期后，75 周岁后重疾，给付 130% 基本保额
与罹患轻症次数和到达年龄相关	等待期内重疾，退还已交保费； 意外或等待期后重疾，给付基本保额； 若被保险人在 80 周岁前患轻症 1 次后重疾，额外给付 10% 基本保额； 若被保险人在 80 周岁前患轻症 2 次后重疾，额外给付 20% 基本保额； 若被保险人在 80 周岁前患轻症 3 次后重疾，额外给付 30% 基本保额
与是否参加指定运动、罹患轻症次数和到达年龄相关	等待期内重疾，给付主合同现金价值； 意外或等待期后重疾，给付基本保额； 参加指定运动记录平台活动，2 年后重疾， 达到运动标准一（累计 18 个月每月至少有 25 天每天运动步数不少于 10000 步），给付 105% 基本保额； 达到运动标准二（累计 24 个月每月至少有 25 天每天运动步数不少于 10000 步），给付 110% 基本保额； 若被保险人在 70 周岁前患轻症 1 次后重疾，给付 130% 基本保额； 若被保险人在 70 周岁前患轻症 2 次后重疾，给付 160% 基本保额； 若被保险人在 70 周岁前患轻症 3 次后重疾，给付 190% 基本保额

2. 轻症责任

轻症责任，即被保险人罹患合同中所列的轻症疾病，得到轻症疾病保险金赔付。轻症责任赔付额度一般为 25%—35% 基本保额。

（1）为什么推出轻症责任

相较于重症和中症，轻症的赔付要求更容易达到。重大疾病的理赔依赖于其定义，往往重大疾病的定义都是比较严重的，不是很容易达到，导致了消费者的抱怨。比如重症中的急性心肌梗塞对心电图走势的要求、心室功能等条件比较苛刻，很难达到，而相对应的轻症责任则是不典型性心肌梗塞，病情更轻，更容易达到，就降低了获得赔偿的要求。

考虑到消费者的需求，保险公司陆续推出带轻症责任的重疾险产品，作为重大疾病保险的有力补充。轻症赔付定义相对宽松，对于一些不是特别严重的疾病，赔付部分保额，例如规定基本保额50万元，轻症赔付10万元。

（2）轻症设计

轻症的保障种类与范围在一定程度上体现了产品的优质性和保险公司的诚意。25 种标准重疾发生率高，因此 25 种标准重疾所对应的轻症是否在保障范围内便显得尤为重要。表 4 列举了 25 种标准重疾对应的轻症。

表 4：25 种标准重疾对应轻症及其出现比例表

重疾	对应轻症	出现比例		变化趋势
		2017 年及以前	2018 年	
恶性肿瘤	极早期恶性肿瘤或恶性病变	100%	97%	↓
急性心肌梗塞	不典型的急性心肌梗塞	60%	82%	↑
脑中风后遗症	脑中风后遗症	87%	77%	↓

续表

重大器官移植术或造血干细胞移植术	肝脏切除	49%	88%	↑
	单侧肾脏切除	27%	85%	↑
	单侧肺脏切除	48%	75%	↑
冠状动脉搭桥术	冠状动脉介入手术（非开胸手术）	90%	74%	↓
终末期肾病	慢性肾功能损害（肾脏疾病）	40%	57%	↑
多个肢体缺失	一肢缺失	75%	75%	→
急性或亚急性重症肝炎	病毒性肝炎导致的肝硬化(肝炎所致慢性肝脏功能衰竭失代偿期早期)	12%	23%	↑
良性脑肿瘤	脑垂体瘤、脑囊肿、脑动脉瘤及脑血管瘤	100%	100%	→
慢性肝功能衰竭失代偿期	慢性肝功能衰竭	9%	34%	↑
脑炎后遗症或脑膜炎后遗症	脑炎后遗症或脑膜炎后遗症	34%	63%	↑
深度昏迷	深度昏迷	30%	68%	↑
双耳失聪	单耳失聪	23%	62%	↑
	人工耳蜗植入	29%	78%	↑
	听力严重受损	30%	37%	↑
双目失明	单眼失明	30%	74%	↑
	视力严重受损	93%	83%	↓
	角膜移植	16%	54%	↑
瘫痪	瘫痪	37%	54%	↑
心脏瓣膜手术	心脏瓣膜介入手术（非开胸手术）	100%	100%	→

续表

严重阿尔茨海默病	阿尔茨海默病	——	38%	↑
严重脑损伤	脑损伤（头部外伤）	82%	77%	↓
严重帕金森病	帕金森病	36%	55%	↑
严重 III 度烧伤	III 度烧伤	89%	92%	↑
	面部烧伤	8%	65%	↑
严重原发性肺动脉高压	原发性肺动脉高压	18%	57%	↑
严重运动神经元病	运动神经元病	52%	72%	↑
语言能力丧失	——	——	——	——
重型再生障碍性贫血	可逆性再生障碍性贫血	41%	71%	↑
主动脉手术	主动脉内手术（非开胸手术）	100%	100%	→

表 5：其他轻症及其出现比例表

轻症疾病	比例		变化趋势
	2017 年及以后	2018 年	
颈动脉狭窄介入治疗	30%	75%	↑
心包膜切除术	30%	71%	↑
原发性心肌病	20%	69%	↑
腔静脉过滤器植入术	20%	65%	↑
起搏器或除颤器植入	28%	63%	↑
微创冠状动脉搭桥术	17%	62%	↑
特定周围动脉狭窄的血管介入治疗	27%	62%	↑
因肾上腺皮脂腺瘤切除肾上腺	26%	62%	↑

续表

双侧卵巢或睾丸切除术	26%	62%	↑
象皮病	11%	58%	↑
微创颅脑手术	31%	55%	↑
脑室腹腔分流术	17%	55%	↑
糖尿病及其并发症	19%	51%	↑
溃疡性结肠炎	24%	51%	↑
系统性红斑狼疮	17%	43%	↑
胆道重建手术	33%	38%	↑
硬脑膜下血肿手术	7%	38%	↑
阻塞性睡眠呼吸暂停综合征	12%	38%	↑
重症肌无力	11%	37%	↑
肝硬化	13%	35%	↑
肌营养不良症	9%	32%	↑
脊髓灰质炎	15%	31%	↑
克罗恩病（Crohn）	14%	26%	↑
骨质疏松	3%	26%	↑
类风湿性关节炎	8%	25%	↑
继发性肺动脉高压	17%	25%	↑
激光心肌血运重建术	6%	23%	↑
出血性登革热	11%	22%	↑
急性坏死性胰腺炎开腹手术	2%	22%	↑
系统性硬皮病	4%	17%	↑
III 度房室传导阻滞	14%	15%	↑
风湿热导致的心脏瓣膜病	2%	14%	↑
肺功能衰竭	6%	12%	↑
结核性脊髓炎	——	12%	——

续表

无颅内压增高的微小良性脑肿瘤	——	11%	——
垂体卒中	——	9%	——
进行性核上性麻痹	3%	8%	↑
大动脉炎（多发性大动脉炎旁路移植手术治疗）	——	8%	——
颅内血肿清除术	——	8%	——
急性重型肝炎人工肝治疗	——	8%	——
强直性脊柱炎手术治疗		8%	——
侵蚀性葡萄胎	4%	6%	↑
多发性硬化	1%	6%	↑
急性肾衰竭肾脏透析治疗	——	5%	——
湿性年龄相关性黄斑变性	2%	3%	↑
疯牛病	3%	3%	→
嗜铬细胞瘤	2%	3%	↑
肺泡蛋白质沉积症	1%	3%	↑
感染性心内膜炎	——	3%	——
坏死性筋膜炎组织肌肉切除术	——	3%	——
肺纤维化	——	3%	——
小肠移植	——	3%	——
川崎病	9%	2%	↓
手足口症	3%	0%	↓
骨生长不全症 III 型	2%	0%	↓
哮喘	1%	0%	↓
破裂脑动脉瘤夹闭手术	1%	0%	↓
乙状结肠造瘘术	1%	0%	↓

从统计结果可以看出，不论是 25 种标准重疾对应的轻症还是其他轻

症（见表5），2018年出现在条款中的比例大部分都有所增加。这也从侧面体现了保障轻症病种数量增多的现象。

（3）轻症数量

2018年市场上的重大疾病保险产品，轻症保障范围大约在8种到60种之间，平均水平由原来的24种增长为38种。（具体见图4）

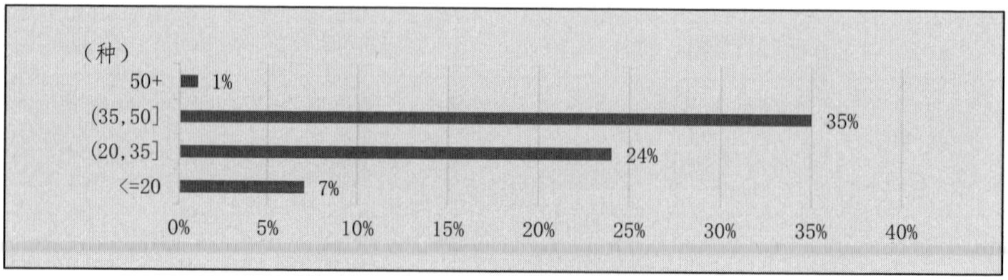

图4：重疾险轻症保障数量比例

（4）轻症分组和赔付次数

与重症不同，大部分轻症不分组，因此轻症绝大部分为多次给付，仅有少数产品为多重给付。62%的重疾险产品轻症设置为多次或多重给付。轻症给付次数比例参见表6，由表中可以得出多次轻症给付一般为2次、3次和5次。其中3次最常见，占比72%。

表6：轻症给付次数比例表

轻症给付次数		2次	3次	5次	其他
比例	2017年及以前	20%	55%	25%	——
	2018年	11%	72%	8%	9%
变化趋势		↓	↑	↓	↑

（5）轻症赔付方式

2018 年的主流重大疾病保险产品中，约 80% 的产品包含轻症责任。半数左右的轻症责任设置较为简单，通常为“等待期内轻症退还已交保费；意外或等待期后轻症，给付一定比例的基本保额”，该比例通常位于 20% 至 50% 之间，其中给付比例介于 20% 与 35% 之间的情况最为常见。此外，已经陆续出现等待期内轻症，仅轻症责任或该轻症责任终止，合同不终止的设置。这样的设置对被保险人更加友好。

表 7：轻症代表性特殊赔付方式汇总表

仅与罹患轻症次数相关	等待期内轻症，退还已交保费； 意外或等待期后首次轻症，给付 20% 基本保额； 意外或等待期后第二次轻症，给付 25% 基本保额； 意外或等待期后第三次及以后轻症，给付 30% 基本保额
仅与到达年龄相关	等待期内轻症，退还已交保费； 意外或等待期后轻症，给付 20% 基本保额，保障至 70 周岁
与是否参加指定运动和保单年度相关	等待期内轻症，退还附加合同保费； 意外或等待期后轻症，给付 20% 基本保额； 参加指定运动记录平台活动，2 年后轻症，达到运动标准一（累计 18 个月每月至少有 25 天每天运动步数不少于 10000 步），给付 21% 基本保额； 达到运动标准二（累计 24 个月每月至少有 25 天每天运动步数不少于 10000 步），给付 22% 基本保额

轻症责任设置较为复杂的保险产品，轻症赔付额度通常会受到到达年龄、保单年度、罹患轻症次数以及是否参加指定运动等因素的影响。例如，有些产品的赔付额度与是否参加指定运动和保单年度相关：“意外或等待期后轻症，若被保险人在前两个保险年度参加指定运动且在第

三个保单年度及以后轻症，达到运动标准一额外给付 1% 基本保额，到达运动标准二额外给付 2% 基本保额”。表 7 汇总了几个代表性的特殊赔付方式。

（6）轻症其他特点

需要消费者注意的是，很多轻症责任是有年龄限制的，如保障至 75 周岁，即被保险人超过 75 周岁轻症，无法得到轻症保险金赔付。这样的设计使得产品风险得到控制，但会降低客户的保障利益。此外，有些含轻症责任的产品除了有保额比例限制之外，还有最高额度的限制。例如，一份带轻症责任的重大疾病保险合同保额 100 万元，如果标明轻症给付最多不超过 10 万元，那么即使合同定义轻症给付 20% 基本保额，最终也只能得到 10 万元的赔付。最后，大部分轻症赔付都是额外赔付，但也有个别产品是提前给付，即轻症赔付后，基本保额会同比减少。这种情况，重大疾病保险一般作为附加险，和主险共用保额。如寿险（主）+ 重疾险，保额是 100 万元，在合同有效期内被保险人患轻症，保险公司赔付 30 万元，那么以后被保险人可以获得的主险保额就降低到 70 万元。如果合同规定轻症是额外赔付，则不影响主险保额。

3. 中症责任

中症责任，即被保险人罹患合同中所列的中症疾病，得到中症疾病保险金赔付。中症的赔付标准介于中症与轻症之间，赔付额度一般为 50%—60% 基本保额。

（1）中症数量

中症数量一般在 20 种到 25 种之间。

（2）中症分组和赔付次数

中症赔付次数大部分为 2 次，且不分组，仅个别产品中症分组。

（3）中症赔付方式

2018 年的主流重大疾病保险产品中，有 13% 左右的产品包含中症责任。这些产品在中症责任的设置上较为简单，一般为“等待期内中症，退还已交保费；意外或等待期后中症，给付一定比例的基本保额”，该比例常见为 50% 至 60%。有些产品等待期内给付方式未明确。

4. 特定疾病责任

特定疾病责任，即被保险人罹患合同中所列的特殊疾病，得到特定疾病保险金赔付。特定疾病责任赔付额度一般在重症赔付的基础上额外增加 50%—60% 基本保额。相当于某些特定的病种可以获得更高额度的赔偿。

（1）特定疾病数量

特定疾病数量一般在 1 种到 15 种之间。

（2）特定疾病赔付方式

2018 年的主流重大疾病保险产品中，约有 20% 的产品包含特定疾病责任。半数特定疾病责任设置上较为简单，“等待期内特定疾病，退还已交保费；意外或等待期后特定疾病，额外给付一定比例的基本保额”，该比例从 20% 到 100% 不等。

个别产品特定疾病责任设置与到达年龄相关，例如“意外或等待期后特定疾病，若被保险人未满 70 周岁，则额外给付基本保额；若被保险人已满 70 周岁，则无额外给付”。

此外，部分产品的特定疾病又细分为儿童特定疾病，男性特定疾病和女性特定疾病。不同类型的特定疾病的年龄限制和额外赔付额度不尽相同。

5. 身故和全残责任

身故（全残）责任，即被保险人身故（全残），得到身故（全残）保险金赔付。

2018 年的主流重大疾病保险产品中，约有 75% 左右的产品包含身故责任（包含身故返保费和身故给付保额）。一些重大疾病产品在身故责任设置上不存在等待期且不区分意外身故，基本为身故时退还已交保费或给付基本保额，个别产品身故时给付已交保费与现金价值两金取大或基本保额、已交保费、现金价值三金取大。另一些重大疾病产品在身故责任设置上存在等待期且区分意外身故，基本为“等待期内身故，退还已交保费；意外或等待期后身故，给付现金价值或给付基本保额”。个别产品给付身故保险金时需扣除已给付的疾病保险部分。此外，身故责任的赔付额度可能还会受到到达年龄、罹患轻症次数以及是否参加指定运动等因素的影响。

6. 终末期疾病责任

终末期疾病责任，即被保险人的病情已经无法治疗或缓解，且将导致被保险人在未来 6 个月内死亡，被保险人因此得到终末期疾病保险金赔付。

重疾险产品可通过两种方式包含终末期疾病责任，一种为显性方式，保险责任中包括终末期疾病责任项，给付终末期疾病保险金；另一种为隐性方式，终末期疾病属于重大疾病范畴，给付重大疾病保险金。对于显性包含终末期疾病责任的产品，绝大部分的终末期疾病责任设置与身故责任相同，通常为“18 周岁前或等待期内终末期疾病，给付一定比例已交保费；18 周岁后，意外或等待期后终末期疾病，给付基本保额或已交保费、现金价值与基本保额三金取大”。

7. 保费豁免责任

保费豁免责任，即交费期内，投保人或被保险人因发生合同里规定的保险事故，保险公司豁免投保人还未交纳的保费，但保险合同仍然有效。

以轻症豁免为例，当被保险人在交费期间发生合同中所列的轻症后，不用再交之后的保费。但保险合同仍然有效，未来若发生合同里所列的重症或其他保险事故，可以得到相应的赔偿。保险公司提供本项利益责任的成本相对较高。

重大疾病保险产品的保费豁免责任包括：投保人身故豁免、投保人全残豁免、投保人重症豁免、投保人轻症豁免、被保险人重症豁免、被保险人中症豁免、被保险人轻症豁免和被保险人全残豁免。表 8 提供上述责任占所有被分析且含保费豁免责任的重大疾病保险产品的比例：

表 8：重疾险产品豁免责任出现比例表

保险责任	比例	保险责任	比例
投保人身故豁免	10%	被保险人重症豁免	45%
投保人全残豁免	4%	被保险人中症豁免	16%
投保人重疾豁免	7%	被保险人轻症豁免	99%
投保人轻症豁免	7%		

（二）免责条款

表 9：重疾险产品常见免责条款情况统计表

免责条款		比例（%）		变化趋势
		2017 年及以前	2018 年	
1	投保人对被保险人的故意杀害、故意伤害	98%	98%	→
2	被保险人故意犯罪或者抗拒依法采取的刑事强制措施	97%	99%	↑
3	被保险人殴斗、故意自伤	87%	81%	↓
4	被保险人主动吸食或注射毒品	99%	99%	→
5	被保险人酒后驾驶、无合法有效驾驶证驾驶或驾驶无有效行驶证的机动车	93%	95%	↑
6	战争、军事冲突、暴乱、恐怖活动或武装叛乱	89%	82%	↓
7	核爆炸、核辐射或核污染	92%	91%	↓
8	遗传性疾病、先天性畸形、变形或染色体异常	90%	92%	↑
9	被保险人感染艾滋病病毒或患艾滋病期间	83%	98%	↑

重疾险的免责条款比较规范统一，2018 年分析的重疾产品免责数量在 4 条到 9 条之间，平均免责数量为 8 条。表 9 列出为行业协会标准条款中常见的 9 条。

重症责任免责条款通常是在身故责任免责条款的基础上增加先天性疾病和艾滋病。

（三）普通条款

1. 投保年龄

2018 年市场上在售主流重大疾病保险的投保年龄范围一般为 28 天—70 周岁。投保年龄统计结果见表 10 和表 11。

表 10：重疾险产品最低投保年龄统计表

最小投保年龄		0 岁（28 天或 30 天）	18 周岁
比例	2017 年及以前	77%	23%
	2018 年	93%	7%
变化趋势		↑	↓

表 11：重疾险最高投保年龄统计表

最大投保年龄		50 周岁	55 周岁	60 周岁	大于 60 周岁	其他
比例	2017 年及以前	24%	27%	34%	15%	——
	2018 年	18%	19%	26%	18%	19%
变化趋势		↓	↓	↓	↓	↑

2. 保险期间

消费型重大疾病保险的保险期间为 1 年。终身型重大疾病保险在人生任何时段发生保单规定的责任都可以赔偿。定期型重大疾病保险的保险期间比较多样化，一般分为两种：固定保障年份和固定保障年龄。固定保障年份主要包含：10 年、20 年、25 年、30 年等。固定保障年龄主要包含：至 60 周岁、至 70 周岁、至 80 周岁等。2018 年的重大疾病保险的保险期间更偏向于保障至固定年龄的设置。

3. 交费方式

重大疾病保险的交费方式一般分为三种：趸交、年交和交至固定年龄。2018 年的重大疾病保险产品，42.3% 的产品提供趸交方式，所有产品均提供年交方式，约 6% 的产品提供交至固定年龄的交费方式。此外，年交方式中，最常见的设置为 10 年交和 20 年交。

4. 犹豫期

犹豫期统计结果见表 12：

表 12：重疾险产品犹豫期统计表

犹豫期		10 天	15 天	20 天及其他
比例	2017 年及以前	82%	14%	4%
	2018 年	24%	62%	14%
变化趋势		↓	↑	↑

从统计结果来看，2018 年重疾险产品的犹豫期更多采用 15 天，给予投保人更多的时间考虑。其中有 76% 的产品犹豫期设置大于等于 15 天，这样的设置对被保险人更加友好。

5. 等待期

等待期统计结果见表 13。

表 13：重疾险产品等待期统计表

等待期		90 天	180 天	其他
比例	2017 年及以前	38%	55%	6%
	2018 年	54%	45%	1%
变化趋势		↑	↓	↓

重大疾病保险的等待期绝大部分为 90 天或 180 天。从统计结果来看，2018 年重疾险产品的等待期更多采用 90 天，从 38% 上升为 54%，这样的设置对被保险人更加友好。

三、重大疾病保险产品比较分析

我们对市场上终身型重大疾病保险的费率及评级情况进行抽样对比。依据 2018 年各保险公司的保费规模，我们将保险公司分为：大型公司、中型公司和小型公司。

以 30 岁男性、交费期 20 年、保险期间终身的重大疾病产品为例，进行了对比，结果见表 14 和 15。

表 14：重疾终身无身故型重大疾病保险产品评级及排名对比表

公司类型	千元保额费率	价格评级	综合评级	价格排名	综合排名	病种个数
大型公司 A	15.79	★★★★	★★★★	7	5	100 种重症 +50 种轻症
大型公司 B	12.00	★★★★★	★★★★	2	8	50 种重症
大型公司 C	13.72	★★★★	★★★★★	5	2	100 种重症 +50 种轻症
大型公司 D	17.25	★★★★	★★★★	8	4	100 种重症 +50 种轻症
中型公司 A	37.42	★	★★	11	12	60 种重症 +40 种轻症 +3 种特殊疾病
中型公司 B	29.37	★★	★★	10	11	85 种重症 +25 种轻症
中型公司 C	10.89	★★★★★	★★★★★	1	1	60 种重症
中型公司 D	16.03	★★★★	★★★	9	10	60 种重症 +30 种轻症

续表

小型公司 A	15.55	★★★★	★★★★	4	7	80 种重症 +35 种轻症
小型公司 B	12.75	★★★★	★★★	3	9	100 种重症
小型公司 C	12.84	★★★★★	★★★★★	1	3	100 种重症 +50 种轻症
小型公司 D	17.06	★★★★	★★★★	6	6	100 种重症 +50 种轻症 +6 种特殊疾病

表 15：重疾终身含身故型重大疾病产品评级及排名对比表

公司类型	千元保额费率	价格评级	综合评级	价格排名	综合排名	病种个数
大型公司 A	34.80	★★	★★★	10	5	70 种重症 +50 种轻症 +6 种特定疾病
大型公司 B	28.10	★★	★★★	11	4	100 种重症 +50 种轻症
大型公司 C	40.10	★	★★	12	12	80 种重症 +30 种轻症
大型公司 D	25.50	★★	★★★	7	2	105 种重症 +60 种轻症
中型公司 A	31.63	★★	★★	9	11	81 种重症 +29 种轻症 + 癌症
中型公司 B	21.40	★★★	★★	4	10	81 种重症
中型公司 C	24.73	★★	★★★	8	6	95 种重症 +25 种轻症
中型公司 D	27.00	★★★	★★	6	8	100 种重症 +50 种轻症
小型公司 A	22.73	★★★	★★	5	9	105 种重症 +50 种轻症
小型公司 B	24.60	★★★★	★★★	1	3	105 种重症 +25 种中症 +35 种轻症
小型公司 C	24.57	★★★	★★★	3	7	110 种重症 +50 种轻症
小型公司 D	25.57	★★★	★★★	2	1	100 种重症 +20 种中症 +40 种轻症

终身含身故的重疾险产品的价格明显高于终身无身故的重疾险产品。

这主要是由于身故责任设置不同导致的。重疾险是非常复杂的一类保险产品，单看价格是远远不够的。以重疾终身含身故产品为例，大型公司 A 价格排名第 10 位，但综合排名却上升至第 5 位。这是综合考虑公司管理、服务水平、风控水平等方面的结果。再比如，从保障病种来看，小型公司 C 与大型公司 B 相比，数量相当，重症还多了 10 种。价格上也是小型公司 C 更便宜，价格排名更具优势。但关注综合榜就会发现，大型公司 B 反超小型公司 C。

综上，重疾险的评测是全方面的，仅仅看价格很难看清，需要结合各个方面综合考量。

四、重大疾病保险产品展望

（一）病种设置不规范，建议进一步规范重大疾病定义

目前，重大疾病保险只有 25 种疾病的定义是标准定义。保障范围超出标准重疾的疾病定义由各保险公司自行制定。自行制定的疾病定义不尽相同，缺乏行业规范，容易误导消费者，出现不必要的纠纷。此外，很多公司的重疾险产品开发思路为“病种越多越好”，在病种设置上存在病种随意拆分、保障基本已经被消灭的疾病等问题。

疾病定义规范化是行业所急需的。此外，重疾险的开发思路需要重新考量。其他国家的重大疾病保险的保障数量并不多，然而高发疾病均在保障范围之内。我国部分公司盲目追求“病种越多越好”的设置使其在产品开发中，将产品价值置于销售之后考虑，显得本末倒置。

（二）互联网渠道的价格战是否可以持续

市场上重疾险价格持续刷新底线。根据爱选产品库计算，2018 年重疾险产品价格低于 2017 年重疾险产品，标化费率[1]下降 6%。部分公司价格分数的增长以偿付能力的下降为代价，其偿付能力持续下跌，或只能依靠注资提升偿付能力水平。价格战已经导致部分公司的重疾险产品没有再保进行分保，产品风险控制不完善。具体见表 16。

表 16：个别重疾险价格激进公司偿付能力变化表

	2018 年				2019 年	
	第一季度	第二季度	第三季度	第四季度	第一季度	第二季度
公司 A	110%	101%	104%	101%	122%	112%
公司 B	559%	332%	156%	156%	171%	158%

其中2018年第一季度偿付能力的上升是由于两个公司都进行了注资，其余季度偿付能力皆下降，第一个公司的偿付能力一直接近最低监管红线。

我们呼吁保险公司在迎合市场的同时，也要管理好重疾险产品的风险，以可持续性发展的方式来完善重疾险产品的风控，而不是一味地用降价方式抢占市场。

（三）重大疾病保险责任创新需更加合理化

重疾险产品从来不缺乏创新。以 2018 年出现较多的“中症疾病”为例，中症的出现是否真正具有价值，风险是否可控，目前来看均是未知。此外，

[1] 标化费率在爱选精算模型支持下，根据保险期间、交费期间、性别、投保年龄等条件，为保险产品进行统一的二次定价，计算出的保费称为“标化费率”。

一些产品的轻症设计将赔付额度增到50%，可以说就是变相将轻症疾病变为了中症疾病，中症轻症界限越来越模糊，这其中蕴含的风险是否体现到定价里，很难说。还有一些公司提供体检即增额，或者运动达到一定标准即增额，这样的设置是否有强逻辑支持，也很难说。

创新是产品发展的基础，但需要合理的创新。只有拥有合理风控支持的产品创新才是真正有价值的创新。创新的代价若是风险的累积，便偏离了“保险姓保”的方向。

（四）重大疾病保险与医疗险相结合

医疗险是报销型保险产品，费用较重大疾病保险便宜很多，但只有真正支出医疗费用，才能获得补偿。而重大疾病保险虽然费用相对较高，但大部分疾病只需诊断结果即可申请理赔。将低保额重大疾病保险与医疗险结合是一个值得思考的方向。既解决了保费昂贵的问题，又解决了医疗险无法及时理赔的问题。当被保险人罹患某重大疾病急需一笔钱时，低额的重症赔付及时到位，解决患者燃眉之急，而医疗报销险解决未来的治病费用。在客户体验与需求上，都是不错的创新。已经有保险公司开始这样的尝试。

（五）优选重疾是行业发展趋势

与定期寿险一样，优选重疾也将会成为未来发展的趋势。精准人群、精准定价，是产品竞争力的核心。优选产品的痛点是体检与吸烟监测，打断了销售流程，导致该类产品只是叫好不叫座。未来无感优选将成为行业努力的方向。

分报告四
年金保险产品市场调研报告

一、年金保险产品的分类

年金保险产品有多种分类方式，按照年金产品是否有分红，可以分为普通型年金保险和分红型年金保险，后者即是在前者的给付基础上增加了保险公司经营优于定价假设的分红。按照年金产品的保险功能，我们可以将年金保险分为养老年金保险、儿童或教育年金和遗嘱年金等。按照年金产品是否有积累期，可将其分为即期年金和递延年金。即期年金的保费以趸交方式缴纳，保费缴纳后即可开始领取年金，无基金积累期；递延年金则是无论趸交还是分期缴纳，从缴纳保费开始到年金领取期间存在一个基金积累期。按照年金产品是否享受税收优惠政策，我们又可以将其分为税延年金和非税延年金。购买税延年金可在规定额度之内利用税前收入购买，在领取时缴纳税收。

二、年金保险产品市场状况

（一）年金保险产品市场发展状况

2018 年末，我国 60 周岁以上人口 24949 万人，占总人口的 17.9%，相比 2017 年同比增长 3.44%；65 周岁以上人口 16658 万人，占总人口的 11.9%，相比 2017 年同比增长 4.96%。而参考 65 周岁以上人口占总人口比重超过 7%，即进入老龄化社会这一指标，我国老龄化程度已达到国际标准的 1.7 倍。（具体参见图 1）

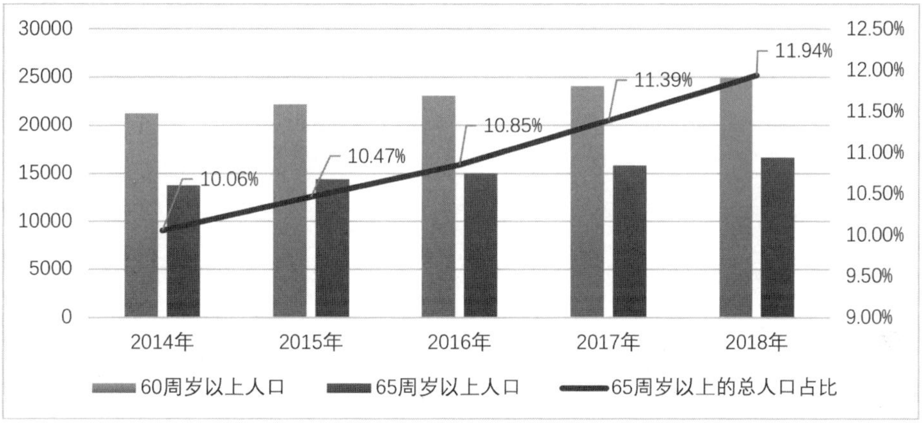

图 1: 近 5 年我国社会人口老龄化程度（数据来源：国家统计局）

随着老龄化进程的不断加快，养老已然成为我国社会面临的不可回避的重大问题之一，并且伴随着“人口老龄化”出现的“未富先老”现象更加剧了我国养老问题的严重程度。所谓的“未富先老”指的是人口老龄化进程超前于经济发展进程，这使我国经济社会发展面临严峻挑战。从国家层面来看，这一现象将增加经济社会负担，社会用于养老、医疗、护理等支出大幅增加，政府财政压力加大；从个人层面来看，收入期积累的财富并不足以对冲长寿风险，“人活着，钱没了”成为新时期一个非常可怕的现象。

而目前我们对待养老问题主要依靠家庭、外部以及个人来处理。通过家庭负担养老无疑会额外增加子女及家庭负担，损失经济福利；过度依靠外部（即基本养老保险、企业养老计划等）解决养老问题也有不足，一是并非所有企业都为员工设置养老福利，二是国家的基本养老保险金的替代率目前只有 40%，并不能完全满足老年需求；而个人解决可以采取银行储蓄、投资理财、商业养老保险等形式，其中商业养老保险拥有平滑生命期收入、对冲长寿风险、锁定利率、强制储蓄、财富年金化等功能，同时作为我国养老保障不可或缺的第三支柱，其应该得到政府、保险公司以及广大消费者的足够重视。

但是，报告通过对市场上 2018 年新报备且在售的 215 款年金保险产品进行研究和分析后发现，市面上真正“合格”的养老年金保险产品不足 1%。什么算是“合格”的商业养老年金保险产品？养老年金险，其设计的出发点应符合“养老”这一需求，更多保障年老时收入降低的风险。

如下图 2 中个人收入支出曲线所示，我们可以看到一个人生存阶段的收入变化和因此带来的生存风险问题：

人的支出是终身的，而收入期却是有限的，在成长期会有父母来为支出买单，进入奋斗期后则需要开始财富的积累，为养老期收入中断后做准备。而“人性”是难以控制的，在奋斗期，人们往往难以抑制其消费的欲望，且一旦高消费习惯养成便很难再倒退，有的人支出曲线的顶点几乎和收入曲线顶点重合。即便一个人有养成定期储蓄或投资的自觉性，但这一切依赖“个人自觉”，而不像商业保险拥有“强制储蓄”的功能。

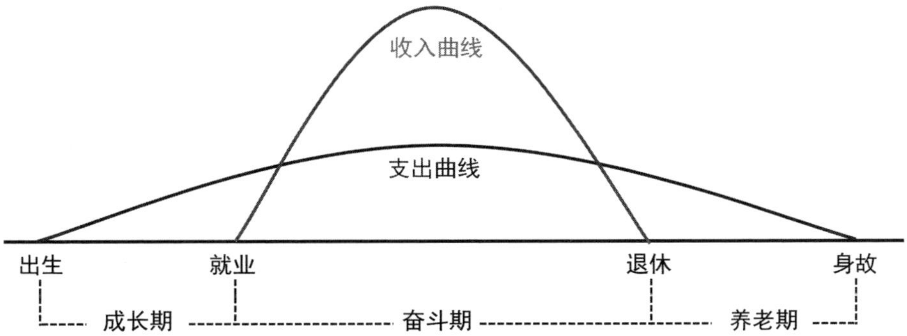

图 2：个人收入支出曲线

因此一款合格的养老年金保险产品应至少满足以下三点：一是设置的首个责任给付起始年龄不应早于法定退休年龄，真正满足“老年”这一条件；二是至少提供“年领”和“月领”两种领取方式，进行灵活选择满足需求但又有规律的强制性现金流管理；三是应该提供至少 25 年的领取期间或保障至终身，真正对冲长寿风险。

而这样的产品恰好是中国年金保险市场所欠缺的，尤其是在 2018 年，这样一个开展个人税收递延型商业养老保险专项试点工作的特殊年份，此项工作的开展对年金保险市场意义重大，极有可能为年金保险市场注入活力，开拓商业养老年金保险市场的新局面。

因此，此次报告将会着重解读个人税收递延型商业养老保险，帮助读者理解此番措施的重要意义。

（二）年金保险市场报备状况

年金保险市场报备状况见图 3、图 4。

2018年保险公司新报备的个人年金保险产品共702款，占人寿保险产品的18.36%，其中普通年金产品338款，占年金保险产品的48.15%，

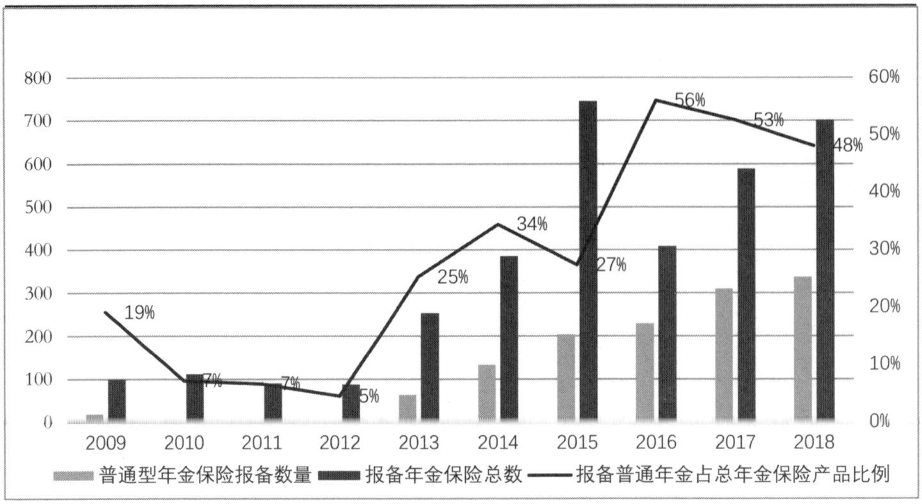

图3：2009—2018年普通型年金保险产品报备情况

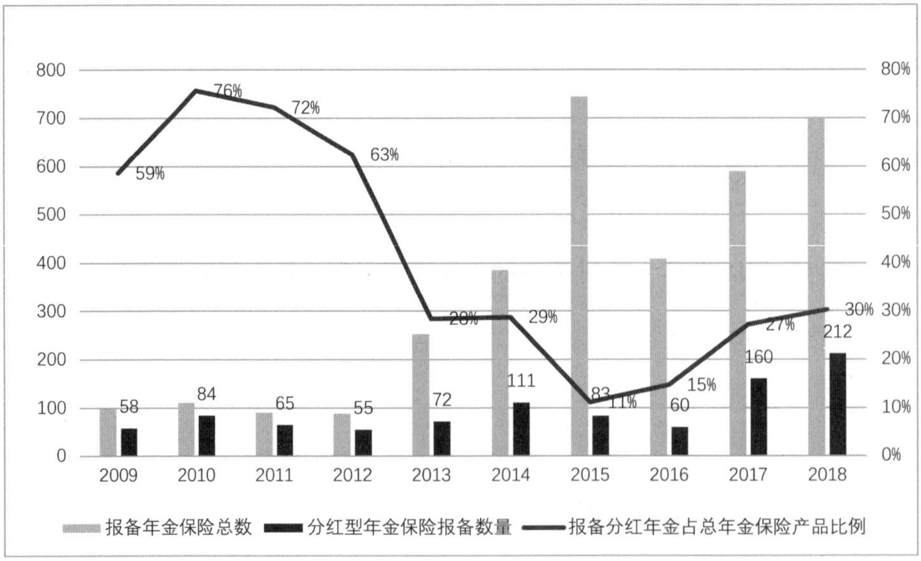

图4：2009—2018年分红型年金保险产品报备情况

同2017年相比下降了4.48%；分红型产品212款，占年金保险产品的30.2%，同2017年相比上升了3.03%。普通型年金保险产品依旧是年金保险产品市场的主力，但占比略有下降。除此之外，2018年报备的新产品中，部分公司开发了个人税收递延型养老保险产品，数量近20个。在发达保险市场，个人税收递延型养老保险展示出对养老保险市场的良好拉动作用，但从2018年我国保险产品的报备情况看，中国当前试点的个人税收递延型养老保险尚未发挥应有的拉动作用。

（三）年金保险产品数据分析来源

《分报告四——年金保险产品市场调研报告》的分析数据均来自市场公开信息，如产品条款、产品费率等。本分报告以下的统计分析结果基于700余款报备年度为2018年的年金保险产品。

三、年金产品特征分析

（一）保险责任

作为一类以生存为给付条件的“保险产品”，年金保险通常包含身故、普通年金、教育金、养老金、特定生存年金、满期金等主要责任项。其中，按照责任的功能和主次划分：身故责任为保障责任；普通年金、教育金、养老金为核心责任；特定生存年金（祝寿金）、满期金为非核心责任。而在选择年金保险产品时，核心责任是消费者应首要关注的责任项，根据自身情况和现阶段的主要需求，选择给付时间、给付方法、给付金额恰当的责任，即是购买该类产品的关键。

1. 保障责任

由于以生存为给付条件，一般年金保险并不会像保障型保险（比如定期 / 终身寿险）一样设置较高额度的身故保险金。从 2018 年新报备的 215 款年金保险产品来看，大多数年金保险产品在身故责任金给付上都遵循“已交保费与现金价值两金取大”的模式，其中一部分以年金领取日为分界线，对该日期后的身故责任进行了调整，变成给付未领取保证年金；还有一些年金保险产品按照已交保费扣除已领取生存金差额和现金价值的较大者给付身故保险金；小部分产品则直接退还已交保费。具体情况如下表 1 所示。

表 1: 身故责任给付内容统计表

身故责任给付内容	比例
已交保费和现金价值两金取大	65%
年金领取日前后进行责任划分	15%
退还已交保费	3%

总的来说，年金保险产品在身故责任的设置上大同小异，此项责任之间的些许差别并不会对消费者的产品选择造成太大影响。

2. 核心责任

普通年金：在保险条款中，通常以“生存年金”、“生存保险金”和“年金”三种名称出现。该项责任一般从某个保单周年日或特定年龄起，给付被保险人一定数额的生存保险金，包含定期给付和终身给付，起到平滑各个年龄段收入，规避经济波动风险，保全资产的作用。一般适合短期收入高但不稳定的人群，如运动员、网络红人、模特等。如果，保险产品责任设置中现金价值极高，比如缴费后即可达到已缴纳保费的90%以上，同时保单固定利率设置合理，那么对于那些已妥善安排转移好医疗死亡风险的消费者来说，有最低保证利率的年金保险是低利率时代里一种对中长期无目的闲置资金进行理财管理的好方式。

教育金：在保险条款中，通常以“教育金”、“深造金”和“成长金”等与教育相关的名称出现。该项责任应在14—28周岁的教育年龄段集中给付，否则，不能称为教育金产品。由于年金保险具有强制储蓄的功能，被打上“教育”标签的年金能有效做到专款专用，避免其他消费侵占教育资金，防范风险，给成长阶段的青少年提供资金保障。

养老金：在保险条款中，此类责任项除了被称为“养老金”外，还可能被命名为“关爱金”、“呵护金”和“祝福金”等。该项责任，应在高龄（退休年龄或60周岁附近）开始集中持续给付，非该时期进行主要给付的产品，不能称为养老金产品。作为年金产品中最广为人知的一项责任，养老金能够给被保险人提供低收入、无收入期的生活保障，是绝大多数人应对老年生活最重要的金融工具。

3. 非核心责任

特定生存年金：顾名思义，该项责任即在某一约定的保单周年日或被保险人约定年龄给付一定数额的年金。在条款中有时表现为“学业有成金”、“祝寿金”和“特别关爱金”等。

满期金：被保险人生存至合同期满时的单次给付责任，有时也可能包含条款中的“满期保险金”、“创业金”、“祝寿金”和“关爱金”等。

需要注意的是满期金金额设置过高，会直接稀释教育金和养老金这类核心年金责任领取期的领取金额，进而降低教育和养老期间给付。

爱选统计了2018年新报备的两百余款普通年金产品的各项保险责任，和2017年进行比较，得到了如下的表2：年金保险责任统计表。

表2：年金保险责任统计表

保险责任		普通年金	教育金	养老金	特定生存年金	满期金
比例	2017年及以前	74%	8%	34%	33%	51%
	2018年	68%	11%	37%	33%	45%
变化趋势		↓	↑	↑	→	↓

由上表我们可以发现，同2017年以前相比，普通年金责任有所下降，专项年金责任如教育金、养老金占比显著上升。侧面反映了年金保险产品围绕核心社会需求与被保险人需求的提升，进一步适应消费者不同生命阶段的资金使用需求。但需要注意的是，此表统计的是责任项，而非“教育金产品”、“养老金产品”。也就是说，涵盖多项核心责任的产品会被分别重复计入每项保险责任中。以北京人寿京富贵年金保险产品为例，该产品同时承担教育金和养老金责任，则我们在统计教育金和养老金责任时都会包含此产品。

因此在统计责任项以外，爱选根据此前对“教育金”、“养老金”的定义，对2018年市面上不同类型的年金保险产品数量进行了统计，具体结果如下表3：年金保险产品类型统计。

表3：年金保险产品类型统计

年金产品	比例
教育金	10%
养老金	23%
普通年金	53%

不难看到，当前市场上超过半数的产品为普通年金保险产品，专门提供教育和养老责任的年金保险产品占比较少，只有10%和23%。

4. 附加责任

保险费豁免：投保人在交费过程中发生保险合同约定的情况，比如死亡、全残或者罹患规定的疾病，保险公司免除保险合同应交未交保费。

对于消费者来说，保险费豁免是非常有必要关注的一项责任。原因在于年金保险产品保费普遍较高，一旦投保人遭遇严重风险事故，中断收入，就很难继续缴纳保费，年金保险产品便会成为家庭的巨大负担之一，这便与购买保险的本意背道而驰。因此在选择教育金、养老金这两类长期缴费的年金保险产品时，消费者要格外注意保险费豁免这一责任项。除此之外，消费者也可以选择同时为投保人购买定期寿险，作为防范风险的保障组合。

（二）免责条款

由于年金保险产品的责任主要集中于生存给付，因此免责内容主要是针对部分身故进行免责，而如前文所言，该类产品的身故给付责任设置基本一致，因此免责条款对消费者产品选择影响较小。

部分合同条款除身故免责外，也对全残和保险费豁免进行免责，其中涉及全残免责的占比为 14%，有保险费豁免且有保险费豁免免责条款的占比为 62.9%。如下表 4 所示，在身故免责条款中，设置 7 条身故免责条款的产品占比为 66.51%；设置 3、4、5 条身故免责条款的产品占比分别为 11.16%、5.12%、6.51%；采用 2 条、8 条、9 条身故免责条款的较少，共占比为 7%，还有极少数几款产品在其保险条款中未设置免责条款。

表 4：年金保险免除责任比例统计表

免责数量		3 条	4 条	5 条	7 条
比例	2018 年	11%	5%	7%	67%

除身故免除责任比例外，爱选还统计了条款内容的重复率，结果如表 5 所示：

表 5：年金保险产品免除责任条款统计表

免责条款内容	比例
投保人对被保险人的故意杀害、故意伤害	100%
被保险人故意犯罪或抗拒依法采取的刑事强制措施	100%
被保险人自本主险合同成立或者合同效力恢复之日起两年内自杀，但被保险人自杀时为无民事行为能力人的除外	100%
被保险人酒后驾驶、无合法有效驾驶证驾驶或驾驶无有效行驶证的机动车	81%
叛乱被保险人服用、吸食或注射毒品	80%
核爆炸、核辐射或核污染	74%
战争、军事冲突、暴乱或武装叛乱	74%

续表

被保险人殴斗、醉酒	9%
被保险人精神和行为障碍	1%

（三）普通条款

1. 投保年龄

（1）教育年金投保年龄

由于教育金的服务对象主要是有教育支出需求的青少年群体，因此投保年龄一般最高不超过 14 周岁，投保年龄绝大多数被设置在 0—14 周岁之间。

（2）养老年金投保年龄

作为年金保险产品的主力军，2018 年养老年金保险的投保范围涵盖了出生满 7 天到 80 周岁的年龄群体，而在 2018 年前，年金保险的最高投保年龄不超过 70 周岁。具体统计结果如下表 6、表 7 所示。

表 6：养老年金最低投保年龄统计表

最低投保年龄		不超过 30 天	18 岁	50 岁	未规定最高年龄
比例	2018 年	78.5%	5.1%	3.8%	7.6%

表 7：养老年金最高投保年龄统计表

最高投保年龄		不超过 50 岁	51—60 岁	61—70 岁	未规定最高年龄
比例	2018 年	5.1%	46.8%	41.8%	7.6%

就此看来，保险公司开始逐步迎合不同的消费群体，满足如今消费者

更多元化，更个性化的需求，即使是过去被排除在投保范围内的高龄人群，也能够寻找到一款适合自己的产品。

2. 交费方式

从2018年新报备的年金产品来看，交费方式有两种，一种是固定交费期间，一种是交费至固定周岁。通常一款年金保险产品会提供多种交费方式，但保险公司在产品设计上更偏向于使用固定交费期间，爱选在统计产品中发现，仅有一款教育年金产品采取了“交费至18周岁”的交费期间设置，其余的都使用了固定年限交费，其中3年交和5年交占比最大，分别为82.7%和84.8%；其次是十年交和趸交，分别占比为63.9%和4.2%。总体来看年金保险产品的交费期限侧重于短期，具体交费方式如下表8：年金保险交费方式统计表所示。

表8：年金保险交费方式统计表

交费期限		趸交	3年	5年	10年	15年	20年
比例	2017年及以前	66.7%	52.0%	56.1%	48.8%	11.4%	13.0%
	2018年	53.4%	82.7%	84.8%	63.9%	9.9%	15.7%
变化趋势		↓	↑	↑	↑	↓	↑

3. 年金领取时间

普通年金一般不会设置特定的开始领取年龄，而是选择某个保单周年日作为领取依据。而有特定功能的年金产品：教育金、养老金和特定年金均以某个具体年龄为领取起始时间。教育金领取开始的时间主要集中在18岁，结束的时间以21岁或24岁居多；养老金则会设置1至5个领取年龄供消费者选择，有的还会根据性别设置不同的领取起始时间，总体来看，采取 55 周岁、60 周岁，65 周岁作为领取起始时间的占比最多。

4. 年金给付方式

同 2018 年及以前的年金保险产品一样，市面上的年金保险产品给付方式依旧主要分为年付和月付两种。年付是到达年金领取年龄后每年在固定时间点给付约定的年金；月付是到达年金领取年龄后每月在固定的时间点给付约定的年金。其中 98.6% 的产品都设置了年付形式，20% 的产品提供月付设计，15.81% 的产品提供两种混合的给付方式，个别产品选择了年付、季付、月付三种混合的给付方式。

5. 保障期限

年金保险产品的保险期间一般有三种：固定期限、固定岁数和终身。其中某些固定岁数到 100 周岁及以上年龄，也被视作为保障终身。由于年金保险产品以生存为给付条件，其主要目的是应对长寿风险，因此绝大多数的年金保险产品都选择了前两种时间较长的保险期间，为被保险人提供更全面的养老保障。而一些针对特殊群体给付的年金保险，如少儿保险，则会选择相对较短的后两种形式。

尽管市面上的产品有多种多样的保险期间选择，但消费者应注意，部分产品的保险期间选项只能在相应的缴费方式和投保方式内才能选择。以中英人寿“金喜年年年金保险”为例：假如缴费方式是 10 年期交，则只可以选择 15 年、20 年或 30 年的保险期间；假如缴费方式为 15 年期交，则只可以选择 30 年保险期间。

年金保险产品对应的保险期间具体情况如下表 9 所示。

表 9：年金保险产品保险期间统计表

保险期间		固定期限	固定岁数	终身
比例	2017 年及以前	52.8%	26.8%	22.8%
	2018 年	30.7%	16.3%	52.1%
变化趋势		↓	↓	↑

固定期限从 10 年到 40 年不等，其中 15 年占比最高，为 66.67%，其次是 10 年和 20 年，占比分别为 53.03%、37.88%。具体情况统计如下表 10 所示。

表 10：年金保险产品固定保险期间统计表

固定期限		10 年	15 年	20 年	30 年
比例	2017 年及以前	66.2%	24.6%	24.6%	12.3%
	2018 年	53.0%	66.7%	37.9%	10.6%
变化趋势		↓	↑	↑	↓

固定岁数跨度较大，从 21 岁到 106 岁都有产品设计，其中教育类产品固定岁数集中在 25 岁和 30 岁；养老类年金产品固定岁数以至 100 周岁为主。

6. 犹豫期

传统年金保险产品的犹豫期部分按照相关规定设置为 10 天，大部分产品为 15 天，个别产品设置为 20 天或者 21 天。具体统计情况如下表 11 所示。

表 11：年金保险产品犹豫期统计表

犹豫期间		10 天	15 天	20 天	21 天
比例	2017 年及以前	45.5%	51.2%	2.4%	0.8%
	2018 年	24.2%	65.1%	6.5%	0.5%
变化趋势		↓	↑	↑	↓

7. 保单借款

保单借款也称为保单贷款。此功能消费者需要重点关注。因为年金保险产品往往数额巨大，一旦年金保单的投保人有燃眉之急，但又不愿意退保解约时，可以在保单的现金价值范围内向年金保险人借款。保单借款为投保人提供了一个将保单现金价值抵押给保险公司以借出部分现金的权利，既解决了一时的资金之急，又不影响保单有效性。但是消费者仍需要注意，年金保险人会向投保人收取相应的利息，如果本息和超过保单现金价值，保单的效力则自动终止。

绝大多数现金价值较高的长期寿险都会为投保人提供保单贷款的权利，并在保单合同中详细说明借款期限与额度，保单贷款的最高额度为保单的现金价值。

在 2018 年新报备的年金保险产品中，88.84% 的产品都提供了保单贷款责任项，较 2018 年以前 80.92% 的占比有所提高，此番变化显示了保险公司在人性化服务上的进步。

《关于规定人身保险业务经营有关问题的通知》（保监发 [2011]36 号）规定："保单贷款金额不得超过保单现金价值，贷款利率应当参照人民银行公布的同期贷款利率、公司自身资金成本及风险管控能力确定，贷款期限一般不超过六个月。”从此规定我们可以得知，保单借款上限可到现金价值的 100%，但普遍保险公司将借款上限限制在 90%。

例如：

“在本主险合同保险期间内，经我们审核同意后您可办理保单贷款。贷款金额不得超过保险合同现金价值扣除各项欠款后余额的 90%，每次贷款期限最长不超过 6 个月，贷款利率按您与我们签订的贷款协议中约定的利率执行。贷款本息在贷款到期时一并归还。若您到期未能足额偿还贷款本息，则您所欠的贷款本金及利息将作为新的贷款本金计息。

当未还贷款本金及利息加上其他各项欠款达到保险合同现金价值时，保险合同的效力中止。”

随着一些问题的出现，《中国保监会关于进一步完善人身保险精算制度有关事项的通知》（保监发 [2016] 76 号）规定：“保险公司提供保单贷款服务的，保单贷款比例不得高于保单现金价值或账户价值的 80%。保险公司不得接受投保人使用信用卡支付具有现金价值的人身保险保费以及对保单贷款进行还款。”

四、年金保险产品比较分析

关于年金产品的比较分析，消费者最常用到的工具是内部收益率和回本年份。内部收益率（Internal rate of return，简称 IRR）广泛用于金融投资中，是指投资所达到的实际收益率；回本年份是内部收益率首次为正的年份，也就是收回本金的时间。

使用内部收益率的原因是，年金型保险产品通常为多期交费、持续领取，现金流出流入频繁，使用传统的投资收益率计算方式不能反映在考虑时间价值的情况下年金类保险产品的真实收益情况，此处可以简单地将 IRR 理解为银行的定期存款利率。本报告将会举例为读者介绍年金产品 IRR 的计算方法，帮助消费者比较欲购年金保险产品的收益能力。

以 2018 年某热销的终身年金保险产品 A 为例。30 岁男性购买了总保费为 30 万元的 A 年金保险产品，共有趸交、三年期交、五年期交、十年期交四种交费方式。我们可以简单罗列出其每年的缴费与领取的年金：

保单年度	年龄	保费	年金领取	现金流 = 年金领取—保费
0	30	300000	0	—300000
1	31	0	0	0
2	32	0	0	0
3	33	0	0	0
4	34	0	0	0
5	35	0	0	0
……	……	……	……	……
30	60	0	39900	39900
31	61	0	39900	39900
32	62	0	39900	39900
33	63	0	39900	39900
34	64	0	39900	39900
35	65	0	39900	39900
……	……	……	……	……

根据每年的现金流，在 excel 中输入 IRR（现金流），我们即可得出趸交保费的 IRR。

其趸交、三年期交、五年期交、十年期交的 IRR 分别如下表 12 和图 5 所示：

表 12：A 产品不同交费期 IRR 及回本年份表

交费方式	10 年 IRR	20 年 IRR	30 年 IRR	40 年 IRR	最高 IRR	回本年限
趸交	3.49%	3.76%	3.84%	3.88%	3.89%	3
3 年期交	3.46%	3.75%	3.84%	3.88%	3.89%	3
5 年期交	3.50%	3.79%	3.87%	3.90%	3.91%	5
10 年期交	3.35%	3.77%	3.87%	3.90%	3.91%	10

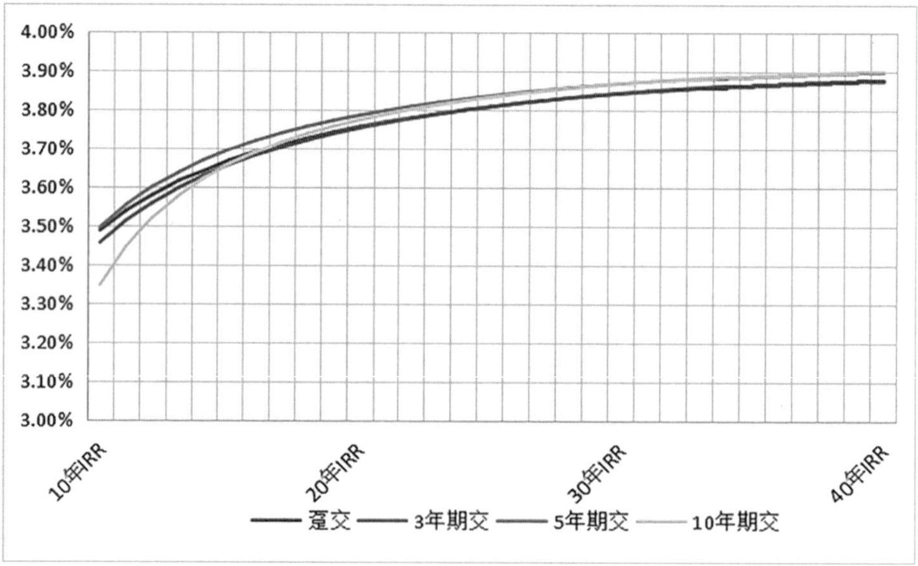

图 5：A 产品不同交费期 IRR

选取 B、C 两个年金保险产品作为比较分析，B 产品和 C 产品具体信息如下表 13、表 14 和图 6、图 7：

表 13：B 产品不同交费期及回本年限表

交费方式	10 年 IRR	20 年 IRR	30 年 IRR	40 年 IRR	最高 IRR	回本年限
趸交	0.00%	2.20%	3.12%	3.57%	3.79%	11
3 年期交	0.00%	1.85%	2.86%	3.31%	3.51%	13
5 年期交	0.00%	1.85%	2.89%	3.34%	3.52%	13
10 年期交	0.00%	1.74%	2.94%	3.41%	3.72%	15

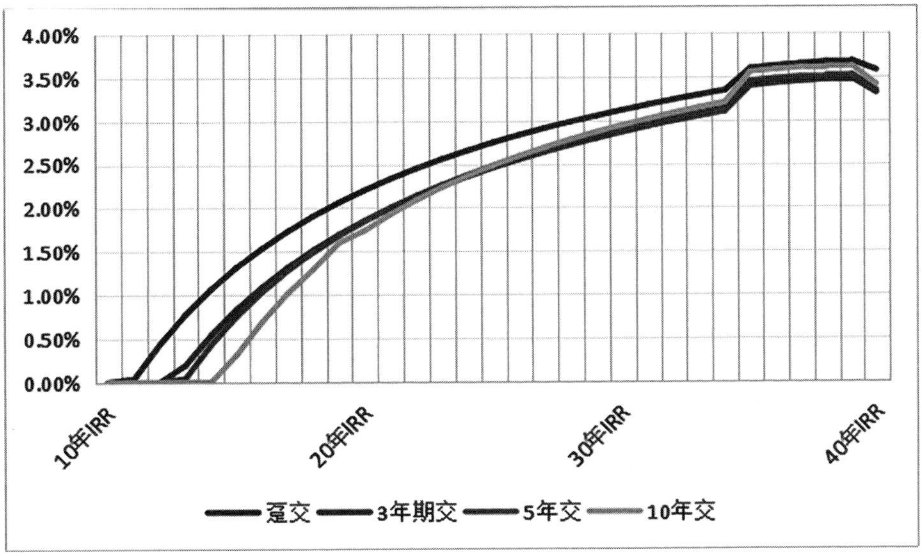

图 6：B 产品不同交费期 IRR

表 14：C 产品不同年限 IRR 及回本年份表

交费方式	10 年 IRR	20 年 IRR	30 年 IRR	40 年 IRR	最高 IRR	回本年限
趸交	2.85%	3.73%	3.83%	3.87%	3.88%	6
3 年期交	2.60%	3.66%	3.78%	3.83%	3.85%	7
5 年期交	2.49%	3.66%	3.79%	3.84%	3.86%	7
10 年期交	1.85%	3.60%	3.76%	3.82%	3.84%	8

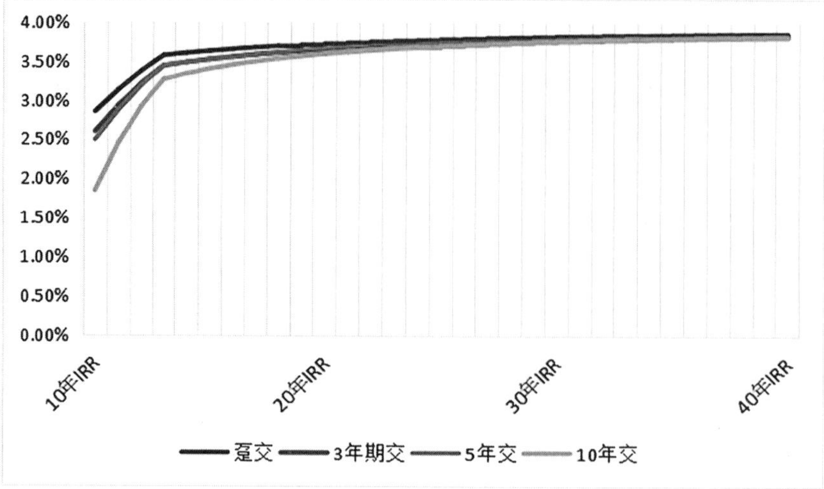

图 7：C 产品不同年限 IRR

根据计算比较可以看出，同一产品交费方式发生变化后，对产品的各个阶段的内部收益率以及回本年份并没有太大的影响，但总体来看，较短期限的交费方式其内部收益率会有略优于中长期交费期限的表现，较短交费期限的回本年份普遍低于中长期交费期限。而上述三种产品中，A 产品的 IRR 明显高于其他两种产品，因此消费者在选择时，可以优先选择 A 产品作为投资对象。

五、个人税收递延型商业养老保险

（一）个人税收递延型商业养老保险介绍

2018 年 5 月，财政部等五部委发布了《关于开展个人税收递延型商业养老保险试点的通知》，此项措施标志着我国税收递延型养老保险（以下简称“税延养老保险”）经过长达十年的酝酿终于落地，也意味着填补了过去几十年里我国养老年金保险市场上税延养老保险产品的空白。在保障体系成熟的欧美发达国家，税延养老保险早已经是个人养老年金计划的重要组成部分，发挥着弥补社会保障不足的重要作用，但对于中国的消费者来说，该类保险尚显陌生，“税收递延”四个字也给非专业人士带来了语义理解上的困难。

那么什么是“个人税收递延型商业养老保险”？简单来说，就是一种能减少达到免征额的纳税人个人所得税缴纳的养老年金保险。具体的操作流程是：消费者用于购买此类商业年金保险的收入不需要缴纳个人所得税，在积累期间产生的收益也不需缴税，领取期开始后由保险公司代扣全额所得税。这样缴税的好处在于，节税部分连同本金与利息一起进行复利的累积，给消费者带来额外的收益，从而使得税延养老年金的实际收益高于同利率的同类金融投资工具。

举例：

上海居民李先生有 100 万元存款，有两种投资渠道：利率 2% 的银行定期存款，所得税平均税率为 28%；保证利率 2% 的趸交递延年金。仅考虑税收对利息因素的影响，可获得收益如下表 15 所示。

表 15：定期存款与递延年金收益比较表

银行定期存款				递延年金	
年度	每年利息收入 2%	税后利息所得（平均税率 28%）	年末税后本金利息之和	每年利息收入 2%	年末现金价值
1	20000	14400	1014400	20000	1020000
2	20288	14607.36	1029007.36	20400	1040400

续表

3	20580.15	14817.71	1043825.07	20808	1061208
4	20876.50	15031.08	1058856.15	21224.16	1082432.16
5	21177.12	15247.53	1074103.68	21648.64	1104080.80
6	21482.07	15467.09	1089570.77	22081.62	1126162.42
7	21791.42	15689.82	1105260.59	22523.25	1148685.67
8	22105.21	15915.75	1121176.34	22973.71	1171659.38
9	22423.53	16144.94	1137321.28	23433.19	1195092.57
10	22746.43	16377.43	1153698.71	23901.85	1218994.42
税后所得					1157675.98
收益率：			15.37%		15.77%

通过上表可以明显看到税收递延年金的收益率高出银行定期存款。

在我国当前的试点工作中，试点地区的两类可参保人群分别享受不同的税延标准，具体情况如下表 16 所示。

表 16：不同参保人群税延标准

类别	参保人群	税延标准
类别 1	取得工资薪金、连续劳务报酬所得的个人	承包承租经营者缴纳的保费税前扣除限额按照当月工资薪连续性劳务报酬收入的 6% 和 1000 元孰低办法确定
类别 2	取得个体工商户生产经营所得、对企事业单位的承包承租经营所得的个体工商户业主；个人独资企业投资者；合伙企业自然人合伙人；承包承租经营者缴纳的保费税前扣除限额按照当月工资薪连续性劳务报酬收入的 6% 和 1000 元孰低办法确定	缴纳的保费税前扣除限额按照不超过当年应税收入的 6% 和 12000 元孰低办法确定

对于大多数纳税的个人来说，1000元即每月扣除额的上限。到达养老金规定领取条件时，个人领取的商业养老金收入的25%可以享受免税优惠，剩余75%部分按照10%的比例税率计算缴纳个人所得税，实际税率仅为7.5%。这让购买税延养老保险的纳税人，不仅获得了“税收递延”带来的实惠，同时也享受了缴费时的优惠税率。

（二）税延养老保险特征分析

1. 税收优惠

我国当前采取的税收优惠办法是缴费与累积阶段免税，给付阶段开始征税，属于税收优惠方式中相对力度较大的一种。通过递延缴税，可以鼓励纳税人购买个人商业年金保险产品，同时也能增加纳税人的养老金领取额。

例如：

上海市居民李先生当前税前月收入为2万元，假设他每月满额购买1000元，10年交，月交保费，60岁开始领取，保证领取20年，每月领取金额与月交保费等额的税延养老保险。该政策会给李先生带来的养老金账户收益变化见表17：

表17：政策前后养老金账户收益变化比较

政策前后 项目	政策前	政策后
税前月收入	2万元	2万元
五险一金	3500元	3500元
应纳税所得额	13000元	12000元

续表

应交税款	2245 元	1995 元（250 元免税）
假设月保费（税前）	1000 元	1000 元
当月扣税金额	250 元	0 元
实际每月所交保费	750 元	1000 元
养老金领取额（月）	750 元	1000 元
养老金领取总额	18 万元	24 万元
养老金领取所扣税款	0 元	1.8 万元
实际领取养老金	18 万元	22.2 万元

到了 60 岁，李先生实际领取的养老金比政策前多了 4.2 万元，花更少的钱，领更多的养老金，这正是税收递延养老保险相对于普通养老保险的优势所在。

2. 安全有保障

消费者购买养老年金保险，是为了在年老低收入或无收入时期能有一定的经济来源，给自己提供生活保障，这份“养老钱”的重要性不言而喻，年金保险产品的安全必定是消费者首要关注的问题。税延养老保险作为国家政策支持型的年金保险产品，其承担着替国家分担社会保障不足的重任，对于该产品的管理办法必定也会较其他产品更细致、更严格。

银保监会在《个人税收递延型商业养老保险产品开发指引》、《个人税收递延型商业养老保险业务管理暂行办法》、《个人税收递延型商业养老保险资金运用管理暂行办法》中，不仅对开展业务的保险公司资质做出了明确规定，也对税延养老保险的产品设计、业务管理和资金运用监管都提出了较高要求，其中“安全审慎”被放在管理原则的第一位。当前国内共有 19 家保险公司参与试点工作，这 19 家公司均是业界的中流砥柱，其多年的实力与口碑构成了税延养老保险产品安全的另一重保障。

其次，我国试点的税延养老保险产品在银保监会要求下，终身领取至少保证返还账户价值或保证给付 15 年，此类保证虽然不能完全规避资产价值波动的风险，但却可以让风险缩小到或仅限于契约的利息范围内。

3. 收益优势

随着经济增速放缓，中国进入了利率下行的时代，2018 年活期存款利率已经由 1993 年的 10.98% 降低到了 1.5%。世界各主要经济体利率也都呈现低位，个别国家进入了“负利率”时代。在利率持续走低的环境下，投资一般的理财产品的风险都会大大增加，此时有着最低保证利率的年金保险产品则可以避免年金账户贬值，给被保险人提供稳定的收益保障。

4. 流动性

税延养老保险产品变现能力较传统型年金保险产品更强。除却传统型年金保险产品具备的保单贷款方式以外，税延养老保险产品还可以进行同一保险公司或跨保险公司的产品转换，变更符合税延政策规定的合同内容；罹患合同规定的重大疾病或因保险合同约定的责任免除事项导致全残或身故，可返还扣除应纳税款的现金价值。

以前例中的李先生为例，假设他 25 岁时选择万能型（收益保底型）税延养老保险产品和投连型（收益浮动型）税延养老保险产品且各配置 50%，到了 45 岁，想要调整养老年金组合，此时缴纳一定保费即可将现在的养老金组合转为传统年金（固定年复利收益型）。假设李先生在 55 岁时，不幸罹患重疾或因事故全残，还可以申请退出税延养老保险计划。

5. 遗产

假设李先生不幸身故，保险合同的指定受益人将会获得扣除应纳税款的保险金给付，如出现无受益人或其他情况，则按照被保险人的遗产依继承法处理。比起其他投资工具的遗产，保险的优势在于程序更为简洁，免去了额外费用、手续繁琐和纠纷问题。

（三）税延养老保险的实施情况和问题

自 2018 年 5 月实施税延养老保险起至 2018 年底，市面上共有 19 家保险公司符合资格参与试点，银保监会备案的上市保险产品共 61 款。累计保费略超 9900 万元，占到人身险产品保费收入的 0.047‰，累计承保件数为 4.3 万件左右，占到承保件数 0.08%。显然，这样的市场效果与试点的预期相差较远。

究其原因，报告分析认为有以下三点：

1. 税优力度有限，覆盖人群有限

举例：上海市居民李先生购买了一份税延养老保险，不同收入情况下购买税延保险的纳税优惠和节税比例见表 18 和图 8：

表 18：不同收入购买税延保险减税表

扣除三险一金后的月收入	应交税款	税延保险购买额度（假设满额购买）	购买税延保险后应交税款	纳税差额（月）	纳税差额（年）
5000	0	300	0	0	0
6500	45	390	33.3	11.7	140.4

续表

9000	190	540	136	54	648
11500	440	690	371	69	828
14000	690	840	606	84	1008
16500	940	990	841	99	1188
19000	1390	1000	1190	200	2400
21500	1890	1000	1690	200	2400
35000	4840	1000	4590	250	3000
50000	9090	1000	8790	300	3600
70000	15590	1000	15240	350	4200

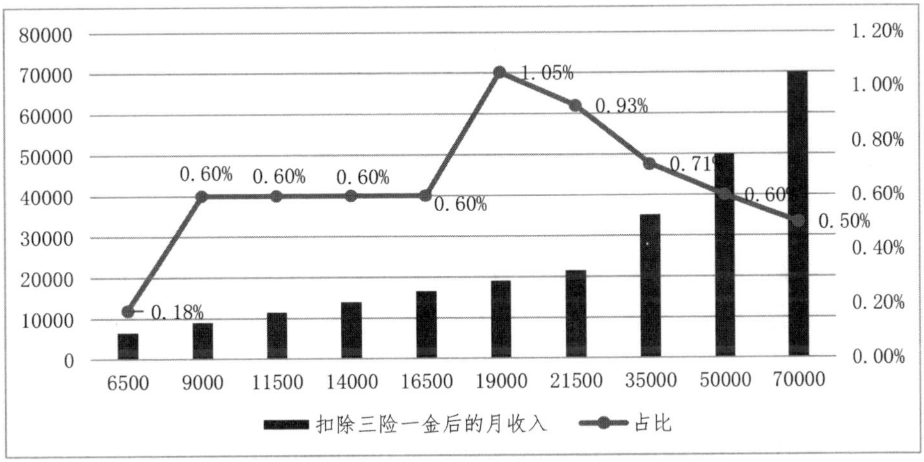

图 8：不同收入购买税延养老保险节税比例

从上表与上图可以看出，未达到免征额的低收入群体并不能享受到税延养老保险的优惠。假如其购买税延养老保险，由于领取期缴税的制度安排，反而会使得他们的税收负担增加。而在扣除三险一金的月收入超过一定比例后，只有收入集中在 17000 元左右的纳税群体享受到的节税比例最高，即使如此也仅达到1%。而对于18000元以上的纳税人群体，节税比例逐步下降。这样设置的好处是能够保持税收的公平性，避免税延养老保险的补贴向富人群体转移；但缺点也十分明显，不足1%的节税力度很难吸引保障保险已配置完毕且有能力购买商业养老保险的高收入人群，进而无法撬动起税延养老保险板块。

2. 市场上优秀年金保险产品不足

截至2018年底，我国市面上仅有61款税延养老年金保险产品，数量少固然有试点启动时间不长的因素，但和保险公司自身的产品研发意愿与研发能力也不无干系。

对于保险公司来说，开发年金保险产品，需要管控的是长寿风险和利率风险。人均寿命日渐上升无疑对保险公司的定价能力提出了巨大的挑战。如果死亡率非预期的降低，计划参与者增加的预期寿命意味着养老金计划成本的上升，养老资金池面临巨额亏损风险，最终可能导致保险公司破产，使得投资者的养老金无法兑现。而利率下行的时代，设定过高的预定利率则会导致保险公司无法履行给付，英国公平人寿保险蒙受巨大损失就是前车之鉴。

商业保险公司的最终目的是盈利，为了避免可能出现的损失，管控风险难度大的年金保险产品自然不会受到保险公司的青睐，尤其是此类产品还受着监管机构的重重限制，多方因素影响下，进一步削弱了保险公司的研发意愿。缺少研发意愿，自然不会投入资源提升研发能力，滞后的产品设计只能产出平庸的年金保险产品，加剧了市场上优秀年金保险产品缺乏的局面。而由于产品缺乏亮点，利润低，难以受到作为销售主力的保险代理人的青睐，缺乏足够的市场推广、宣传和网络渠道，使得整体销售反响平平。

3. 消费者缺少对税延养老保险的认识

税延养老保险产品具有复杂性，它既涉及保险，又涉及税收；既涉及缴费和投资积累，又涉及养老年金领取；既涉及收益，又涉及风险[1]。即使税延养老保险产品确实具备不俗的养老保障功能，但普通消费者不了解、不清楚，产品也很难广泛推广。试点区域数据就能明显反映出“消费者普及”的重要性。截至2018年6月30日，税延养老保险产品保费收入及占比见表19。

表19：税延养老保险各地区保费收入

城市 / 地区	上海市	福建省（不含厦门市）	苏州工业园区	厦门市
保费收入	1.20亿元	0.20亿元	0.09亿元	0.05亿元
保费占比	77.4%	12.9%	5.8%	3.2%

上海地区的保费收入独占鳌头，这固然有纳税人相对集中的因素，但也离不开上海保监局的积极推广。上海市政府对税延养老保险的重视和宣传，加深了该地区消费者对税延养老保险的认识。

六、年金保险产品问题

回顾前文对2018年新报备的215款年金保险产品的特征分析，在过

[1] 郑伟，《税延养老保险需关注的四个问题》，中国保险报网

去的一年里，普通年金占比虽有所下降，但依旧是年金市场上的主流，甚至大于教育年金和养老年金合计占比，这说明保险公司还未将年金产品的功能个性化、精确化。

尤其需要注意的是，在养老年金保险产品中，真正“合格”的养老年金保险产品是极少的。这里所定义的“合格”是指可以保证终身给付的养老年金保险产品，2018 年市场上满足此条件的产品仅有两款。其余养老年金保险产品均有期限设置和年龄设置。

除此之外，在各项条款的设置上，我们也不难发现市面上的年金产品依旧存在着单一、同质化的问题，仅仅扩展产品的投保范围和保险期间并不能使其成为真正的创新特色型年金保险产品。保障范围单一、保障目的缺乏准确性、服务供给不足、覆盖面小，这些问题都制约了年金保险产品契合刚需，使其不能有效发挥保障功能和作用，从而阻碍着此类产品市场的进一步发展。

产品的问题同时反映出作为年金保险产品的供给方，保险公司的问题。对年金保险产品的定位不够清晰、对年金保险产品的精算定价技术不足、缺乏年金保险产品开发的专业人才储备、营销方式有误，都导致年金保险产品多年来持续遇冷。我们必须认识到年金保险产品在规划现金流、保障生存风险上有着其他理财产品不可替代的作用，但在过去的发展中，保险公司没能打造出吻合其特殊保障功能，足以在金融产品市场中脱颖而出的优秀产品；在销售中过于强调年金的理财功能而忽视其关键的保障功能，也是使其明珠暗投的重要原因。

总的来看，我国和发达保险市场的国家相比，年金保险产品的开发还很滞后。“打铁还需自身硬”，现有产品自身缺乏核心竞争力，难以满足市场需求；另一方面各式各样的新式金融产品层出不穷，市场竞争十分激烈，对年金保险产品市场产生了“挤出效应”，从外部变相削弱了产品的竞争力。

作为年金保险产品的需求方，我国消费者的理财意识还较为薄弱，理财手段比较单一，在理财方式的选择上存在着路径依赖。利用储蓄、子女转移支付、购房来抵御生存风险的传统习惯根深蒂固，而且消费者在短时间内也难以转换观念，这些都是制约年金保险产品进步的重要因素。

从当前的政策环境来看，国家对年金保险产品的支持力度还不够。尽管 2018 年各地已经开展了税收养老保险产品优惠试点，但截至 2019 年 2 月底，数据显示效果远不及预期，这与激励的设置不足有关，每月 1000 元的税前列支额度对高收入人群来说吸引力不大。新政策整体对商业年金保险的板块撬动力度尚弱。

供给不足，需求尚未被开发，中国的年金保险可谓任重而道远，尽管如此，我们同时也要看到，巨大的挑战往往意味着巨大的机遇。在人均可支配收入不断上升、中产阶级群体逐渐庞大、人均寿命延长、老龄化问题突出的时期，居民有了更多的可配置资产，消费中的教育支出、养老支出也水涨船高，如何有效应对生存风险，年金保险无疑是最优的选择之一。保险市场面临着极大的刚性需求，一旦这一新的历史机遇被有效激活，将会给消费者、保险市场乃至整个社会带来极大的红利，成为经济的新增长点。

七、年金保险产品展望

中国银行保险监督管理委员会副主席黄洪在 2018 年 3 月 24 日表示：“从中国国情和国际养老保障体系建设的经验看，商业养老保险应该成为养老保障体系第三支柱的主要提供者，……中国的商业养老金市场规模要以万亿级计算。……任何一个国家养老体系出现问题，财政、国家竞争力、国家安定就会出问题。商业化的养老和医疗基金至少需要 15 年到 20 年的积累，需要未雨绸缪。”

那么如何开发个人商业年金保险产品，以满足社会迫切的需求？

首先，毫无疑问保险公司要提高自身的产品研发能力。正如报告前文中所说，市面上真正“合格”的年金保险产品远远不够。而开发一款给付有保证的年金保险产品意味着保险公司要有足够应对长寿风险和利率风险的能力。因此保险公司需要加强对长寿风险的研究，建立长寿风险模型，加大对动态生命表的研制；关注利率下行的形势，适当调整预定利率，吸取英国公平人寿保险公司的经验教训，审慎定价。再者，以市场需求为导向，细分市场，以客户需求为依托，不断提升能力，创新年金保险产品。保险公司可以尝试探索变额年金产品，利用其高收益的特点，作为普通年金产品的补充，但也要同时完善自身金融风控手段，实现风险对冲。在产品营销上，保险公司要额外突出年金保险产品不可替代的保障功能，加大宣传，提高消费者对此类金融工具的认识程度，挖掘市场中巨大的隐藏需求。销售方式上，保险公司可以和机构合作，通过团体保险的形式去推广年金保险产品，既给企业养老减轻了压力，又扩展了年金保险产品的受众。

其次，为了弥补社会养老能力的不足，政府也要加大税收优惠力度，对年金保险公司的提供者和个人消费者进行多种形式的补贴，积极支持保险公司探索新型的年金保险产品，构建比较完善的金融风控手段与金融市场，为保险公司提供制度保障。国际经验表明，税收政策与第三层次的个人养老金存在密切的联系，因此国家在改革个人所得税的同时，可以将税收制度与养老金联动，以激励个人参与商业年金保险，促进第三支柱的发展。

分报告五
万能保险产品市场调研报告

说明：万能保险是账户型产品，属于新型保险产品，与传统的保障型保险产品有所不同，因此本报告结构与其他产品报告结构略有不同。

一、万能保险市场状况

（一）万能保险产品市场发展状况

2017年万能险保费收入较2016年缩水了50%，占人身险保费收入的比重也下降到不足20%。经历了2017年万能险保费的调整期后，2018年万能险保费增速回升明显。2018年万能险保费收入达7953.73亿元，占人身险保费收入的比重超过了20%，具体见图1。

整体来看，2018年万能险保费的大幅增长，并非来自保险公司万能险保费的普遍增长，而是万能险保费排名靠前险企的保费大幅增长所致。例如，从表1可以看出：公司1的万能险保费出现接近3倍的增长。此外，万能险保费排名前十的险企中，还有3家险企该险种保费出现数倍飙增，保费增速最快的险企出现703%的同比增速。因此，万能险市场集中度进一步提升，前五大公司的市场份额相较2017年的59.86%升为64.32%。

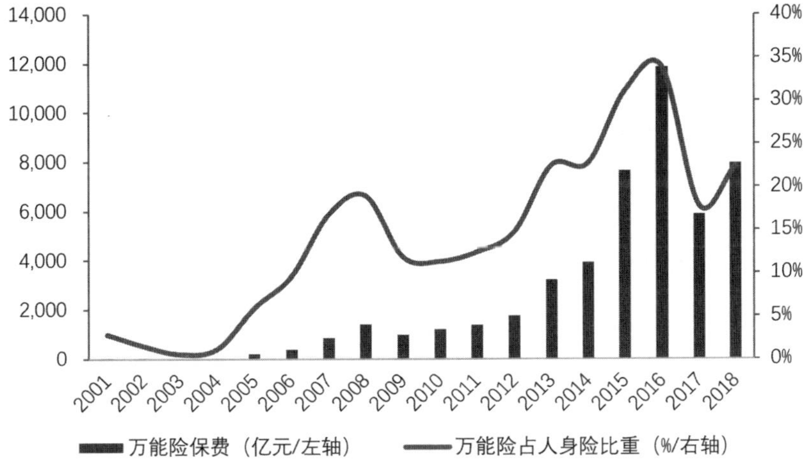

图1：万能险保费收入及其占人身险保费收入的比重

表1：2018年万能险保费收入排名前十五名统计表

公司名称	万能险新增交费（亿元）	万能险保费同比增长率	2018年万能险市场份额	2017年万能险市场份额
公司1	2113.83	295.46%	26.58%	9.07%
公司2	1094.27	12.93%	13.76%	16.44%
公司3	723.28	—18.12%	9.09%	14.99%
公司4	624.96	—18.87%	7.86%	13.07%
公司5	559.44	51.12%	7.03%	6.28%
公司6	259.88	192.66%	3.27%	1.51%
公司7	247.51	440.02%	3.11%	0.78%
公司8	222.86	—26.58%	2.80%	5.15%
公司9	221.23	702.52%	2.78%	0.47%

续表

公司 10	208.85	2.31%	2.63%	3.46%
公司 11	191.25	368.91%	2.40%	0.69%
公司 12	167.50	31.80%	2.11%	2.16%
公司 13	152.42	—0.06%	1.92%	2.59%
公司 14	107.23	—12.26%	1.35%	2.07%
公司 15	107.21	33.19%	1.35%	1.37%

由表 2 可以得出，2018 年共有 9 家公司万能险保费占公司总保费比重超过 50%，有 28 家保险公司万能险保费占公司总保费比重超过 20%，37 家保险公司万能险保费占公司总保费比重超过 10%。可以看到，万能险是多家保险公司最主要的业务，万能险保费收入是多家保险公司重要的资金来源。

表 2：部分公司万能险保费比重增幅统计表 [1]

公司名称	2018 年万能险保费占公司总保费比重	2017 年万能险保费占公司总保费比重	万能险保费占公司总保费比重增幅
公司 7	98.54%	11.27%	87.27%
公司 1	91.51%	21.99%	69.52%
公司 28	88.80%	49.55%	39.25%
公司 13	78.33%	59.79%	18.54%
公司 15	62.59%	55.44%	7.15%
公司 24	60.21%	45.24%	14.97%

[1] 注：公司名称的序号依据 2018 年万能险保费规模排名；总保费在原保费的基础上加上了万能险、投连险保费。

续表

公司 31	55.35%	56.04%	—0.69%
公司 33	51.70%	29.66%	22.04%
公司 19	51.70%	62.68%	—10.98%
公司 5	43.82%	31.53%	12.29%
公司 6	40.61%	14.83%	25.78%
公司 12	40.19%	30.06%	10.13%
公司 11	39.29%	12.93%	26.35%
公司 9	38.54%	5.63%	32.90%
公司 43	37.76%	48.64%	—10.88%

（二）万能保险产品报备状况

2018 年保险公司报备的万能险产品 172 个，占所有报备人身险产品的 4.03%（见图 2）。

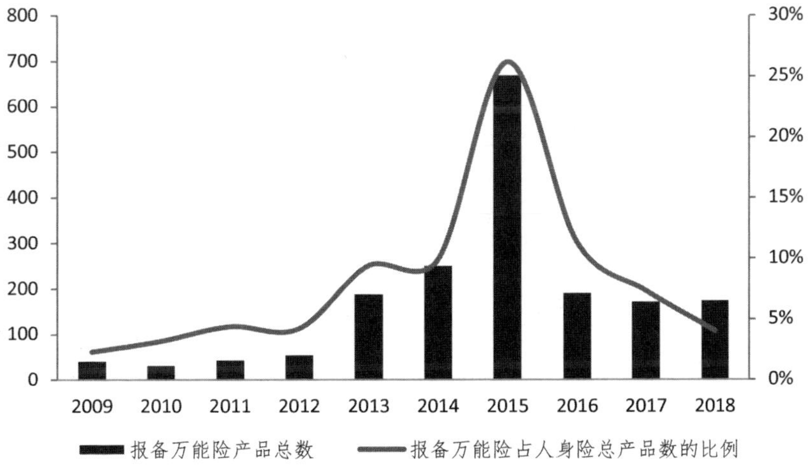

图 2：2009—2018 年报备的万能险产品占比

（三）万能保险产品数据分析来源

《分报告五——万能保险产品市场调研报告》的分析数据均来自市场公开信息，如产品条款、产品费率等。本分报告以下的统计分析结果基于170余款报备年度为2018年的万能保险产品。

二、万能保险产品特征分析

（一）保险责任

万能险除了基本的身故赔付外，部分产品也提供全残保险责任。赔付额通常以账户价值为主，不同的产品会围绕账户价值设置不同的赔付细则。

（二）免责条款

绝大多数万能保险的免责条款设计为7条，且几乎均为涉及故意伤害、违法犯罪、自杀、吸食或注射毒品、战争暴乱、核辐射等常见的免责条款。

（三）万能保险产品特有条款

2015年原保监会发布的《中国保监会关于万能型人身保险费率政策改革有关事项的通知》（保监发[2015]19号）中对万能保险相关费用的收取上限做出了明确的规定。具体规定保费收取上限总结参见表3，万能保险可以并且仅可以收取以下几种费用：初始费用、死亡风险保险费、保单管理费、手续费、退保费用。由于万能保险存续期较长，部分产品虽已停售，但相应账户依然存续并获取收益，因此部分老产品的保险条款中关于费用的收取可能已不符合上述文件的要求。

表 3：万能保险费用收取上限

费用类型		计算方式	收费上限
初始费用	期交基本保费	比例	第一年 50%，第二年 25%，第三年 15%，第四、五年 10%，以后每年 5%
	额外保费		5%
	追加保费		3%
	趸交保费		5 万元及以下 5%，5 万元以上 3%
	团体保费		5%
退保费用及部分领取费用			第一年 5%，第二年 4%，第三年 3%，第四年 2%，第五年 1%，第六年及以后 0%
保单管理费		固定金额	不得以保单账户价值一定比例的形式收取保单管理费

1. 初始费用

初始费用即保险费进入万能账户之前扣除的费用，初始费用的扣取方式依交费方式的变化而有所差别。市场上万能险产品的交费方式以趸交、追加、转入和期交为主。万能险之所以“万能”，就是在于产品的灵活性。因此，2018 年所有新报备的万能险产品均可追加保费，其中有 90% 以上的产品以趸交方式交费，有 39% 的产品以转入方式交费，而明确以期交方式交费的产品相对较少。

（1）趸交

趸交保费的初始费用多以一个固定比例扣取，2018 年所有新报备的万能险产品中，以一个固定比例扣取趸交保费初始费用的产品占所有以趸交方式交费产品的 95%。而在所有以固定比例扣取趸交保费初始费用的产品中，有 37% 的产品扣费比例为 1%，26% 的产品扣费比例处于 1% 至 2% 之间（含 2%），36% 的产品扣费比例处于 2% 至 3% 之间（含 3%）。

少数产品会设置一个分界线，如 5 万或 20 万，趸交保费在分界线以上的支付较低比例的初始费用，趸交保费在分界线以下的支付较高比例的初始费用。极少数产品以保单年度确定比例，如第一年收取较高比例的初始费用，第二年及以后收取较低比例的初始费用。

（2）追加

追加保费的初始费用同样多以一个固定比例扣取，2018 年所有新报备的万能险产品中，有 94% 的产品以固定比例扣取追加保费。在这些产品中，有 34% 的产品扣费比例为 1%，25% 的产品扣费比例处于 1% 至 2% 之间（含 2%），41% 的产品扣费比例处于 2% 至 3% 之间（含 3%）。

少数产品会设置分界线，不同区间额度的追加保费扣费比例不同。另有少数产品以交费年限为界，第一年收取较高比例的初始费用，第二年及以后收取较低比例的初始费用。还有少数产品以费用的性质设置不同的比例，保险金、红利扣费比例较低，其他资金扣费比例较高。更有极少数产品对追加保费不扣取费用。

（3）转入

转入保费的初始费用均以一个固定比例扣取。在所有包含转入方式交费的产品中，有 93% 的产品扣费比例为 1%，其余产品扣费比例也在 1% 附近。

（4）期交

2018 年新报备的万能险产品中，通过期交方式交费的产品相对较少。期交保费的费用扣取方式多会设置一个分界线，分界线以 6000 元和 10000 元为主，保费在在分界线以内则扣取较高比例的初始费用，保费在分界线以外则扣取较低比例的初始费用。同时，无论保费在分界线以外还是以内，扣费比例也会随着交费年限增长而减少，最后稳定在较低的比例。较少数产品的期交保费收取 1% 的固定初始费用。

2. 退保费用

退保费用即保单退保时保险公司收取的费用。万能险的退保费用为其账户价值乘以约定比例。一般而言，保险公司会设置退保费用收取年限，超过年限时退保不收取费用。同时，在年限内退保或部分领取，费率逐年递减。当前市场退保费用收取的年限设置及其相关比例的统计结果见表 4。

表 4：万能险退保费用率收取年限及比例分布表

<table>
<tr><th>时间</th><th>扣费比例</th><th>产品数占比</th></tr>
<tr><td>3 年</td><td>5%/4%/3%</td><td>2.54%</td></tr>
<tr><td rowspan="3">5 年</td><td>5%/4%/3%/2%/1%</td><td>77.12%</td></tr>
<tr><td>3%/2%/1%/1%/1%</td><td>10.17%</td></tr>
<tr><td>其他</td><td>9.32%</td></tr>
<tr><td colspan="2">未明确</td><td>0.85%</td></tr>
</table>

3. 部分领取手续费

部分领取手续费类似退保费用，即保单部分领取时保险公司收取的费用。万能险的部分领取手续费为部分领取部分对应的保单账户价值乘以约定比例。一般而言，保险公司会设置部分领取手续费收取年限，超过年限时部分领取不收取费用。同时，在年限内部分领取，费率逐年递减。当前市场部分领取的手续费收取的年限设置及其相关比例统计结果见表 5。

表 5：万能险部分领取手续费收取年限及比例分布表

时间	扣费比例	产品数占比
2 年	5%/4%	0.85%
3 年	5%/4%/3%	2.54%
5 年	5%/4%/3%/2%/1%	75.42%
	3%/2%/1%/1%/1%	8.47%
	其他	9.32%
无	每次 20 元，不按比例	0.85%
未明确		2.54%

4. 保单管理费

保单管理费，即为维护保险合同保险公司向投保人或被保险人收取的管理费用。《中国保监会关于万能型人身保险费率政策改革有关事项的通知》明确规定，“保单管理费应当是一个不受保单账户价值变动影响的固定金额，在保单首年度与续年度可以不同；保险公司不得以保单账户价值一定比例的形式收取保单管理费”。当前市场上绝大多数产品已不收取保单管理费，但会保留未来收取或调整保单管理费的权利。2018 年新报备的万能险产品中，仅有 6% 的产品收取保单管理费，且以 5 元 / 月居多，极少数产品收取 8 元 / 月或 3 元 / 月的保单管理费。

5. 奖励金

为鼓励万能险购买者长期持有保单，以及鼓励期交保费的购买者持续交费，部分保险公司会在持有保单某个年度后按期或一次性给付消费者已交保费、期交保费或账户价值一定比例的金额作为奖励金。

2018年新报备的万能险产品中，有55%的产品明确说明了奖励金的领取方式。这些产品中的奖励金起始时间具体统计结果见表6。

表6：万能险奖励金起始时间及比例分布表

奖励起始时间	产品数占比
第2个保单周年日	3.17%
第3个保单周年日	1.59%
第4个保单周年日	3.17%
第5个保单周年日	57.14%
第6个保单周年日	9.52%
第7个保单周年日	6.35%
第10个保单周年日	3.17%
合同届满日一次性给付	1.59%

由表中可以看出超过一半的产品奖励金开始发放的时间在第5个保单周年日。

在所有明确说明了奖励金的领取方式的万能险产品中，有69%的产品按照已交保费、已转入保费或部分已交保费的1%给付奖励金，并且每年奖励一次。其余产品奖励方式类似，在给付比例或给付次数方面稍有所不同。极少数产品的给付方式较为复杂，随着保单持有年数的提高会提高奖励金给付比例。

6. 保证利率

保证利率即账户价值最低结算利率。2015 年原保监会发布的《中国保监会关于万能型人身保险费率政策改革有关事项的通知》（保监发 [2015] 19 号）规定，“自《规定》实施之日起，万能型人身保险的评估利率上限为年复利 3.5%”，可以理解为万能险原 2.5% 的最低保证利率上限提高到 3.5%。2018 年新报备的万能险产品保证利率平均为 2.65%，标准差为 0.37%，各万能险产品的保证利率相对接近。万能险保证利率的统计结果见表 7。

表 7：万能险保证利率及比例分布表

保证利率	产品数占比
1.75%	5.08%
2.00%	6.78%
2.50%	42.37%
2.85%	2.54%
3.00%	41.53
未明确	1.69%

7. 历史结算利率

《中国保监会关于万能型人身保险费率政策改革有关事项的通知》规定，保险公司应当根据万能险单独账户资产的实际投资状况确定结算利率。结算利率不得低于最低保证利率。报告调查了 2018 年保险市场现存的且在 2017 年之前上市的 491 个万能险账户，其中团体万能险账户 38 个。从历史结算利率来看，排名第一的万能险产品各个时间段结算利率平均值均稳定在 6.8% 左右。表 8 以 2018 年全年结算利率平均值为排序标准，展示了前十五名万能险产品不同时段的结算利率情况。

表 8：万能险产品收益率（年化）排名 [1]

名次	上市时间	近三个月历史收益率	近六个月历史收益率	近一年历史收益率	全时间历史收益率	全时间月度收益率方差
1	2015 年	6.80%	6.80%	6.80%	6.89%	0.10%
2	2015 年	6.32%	6.32%	6.32%	6.32%	0.00%
3	2015 年前	6.32%	6.32%	6.32%	6.08%	0.52%
4	2015 年	4.67%	5.73%	6.27%	6.67%	0.64%
5	2015 年	6.00%	6.00%	6.00%	6.82%	0.95%
6	2015 年	6.00%	6.00%	6.00%	6.42%	0.52%
7	2016 年	6.00%	6.00%	6.00%	6.19%	0.24%
8	2015 年前	6.00%	6.00%	6.00%	6.18%	0.15%
9	2016 年	6.00%	6.00%	6.00%	6.17%	0.24%
10	2015 年	6.00%	6.00%	6.00%	6.16%	0.15%
11	2015 年前	6.00%	6.00%	6.00%	6.00%	0.00%
12	2015 年	6.00%	6.00%	6.00%	6.00%	0.00%
13	2017 年	6.00%	6.00%	6.00%	5.97%	0.11%
14	2015 年	5.89%	5.94%	5.97%	6.00%	0.11%
15	2015 年	5.50%	5.50%	5.50%	6.15%	0.62%

上述调查的所有万能险产品 2018 年全年结算利率的平均值为 4.43%，标准差为 0.78%，结合表 9 可知，有近一半的万能险产品收益率处于 4%

[1] 注：收益率由月度收益率简单平均求得

到 5% 之间。不仅各万能险产品之间收益率的差异相对较小，而且同一万能险产品不同月份间的收益率基本稳健，变动幅度较小，很多产品的月度收益率几乎维持不变。所以，虽然万能险产品初始扣费等其他手续费相对较多，但万能险产品收益较高且相对稳健，各产品均设有保证利率，总体风险可控。

表 9：万能险产品收益率分布

近一年历史收益率分布（R）	产品数占比
6.00% ≤ R ≤ 6.80%	2.65%
5.00% ≤ R ＜ 6.00%	28.72%
4.00% ≤ R ＜ 5.00%	47.05%
3.00% ≤ R ＜ 4.00%	18.13%
R=2.5%	2.65%
0 ＜ R ≤ 0.50%	0.81%

（四）普通条款

1. 投保年龄

绝大部分万能险产品的最低被保险人年龄为一个月或 18 周岁；部分万能险产品未明确最高被保险人年龄，其余万能险产品一般会以 60 周岁、65 周岁、70 周岁或 80 周岁为最高被保险人年龄。

2. 犹豫期

万能险的犹豫期按照相关规定设置为不低于 10 天，有些产品和公司延长至 15 天、20 天或 30 天（见表 10）。

表 10：万能险产品犹豫期分布

犹豫期	产品数占比
10 天	22.88%
15 天	66.95%
20 天	7.63%
30 天	1.69%
未明确	0.85%

三、万能保险产品比较分析

本报告对市场上部分 2018 年万能险产品进行抽样对比，分别抽取 5 个典型产品，对比结果见表 11。

表 11：万能险产品比较分析

名称	产品 A	产品 B	产品 C	产品 D
交费方式	期交、追加	趸交	趸交	期交、追加
初始费用	期交：6000 元以内 50%，并按期递减；超出 6000 元的部分 5%； 追加：3%		0%	期交：6000 元以内 40%，并按期递减；超出 6000 元的部分 5%； 追加：不超过 5%
奖励金	第四年度起，期交保费的 2%			第四年度起，期交保费的 2%
保证利率	2.50%	2.50%	3%	0
部分领取费用	每年第四次领取开始，每次 20 元	每年第二次领取开始，每次 25 元	不能部分领取	

续表

退保费用			第一年5%，以后为0	第一年10%，逐年递减2%
近一年历史收益率平均值	3.95%	6.80%	6.00%	5.00%
全时间历史收益率平均值	3.95%	6.89%	6.82%	5.00%
价格评级	★	★★★★★	★★★★★	★★★
综合评级	★	★★★★★	★★★★★	★★★

本报告在具体分析每一款万能险产品时，通过考虑相应的扣费方式、历史收益率、保证利率等方面，依靠自建定价模型和自有定价基础进行打分，得出价格评级。通过对比可以看到，产品A的费用扣取比例较大，且收益率明显低于行业平均水平，因此在价格评级上明显落后于其他产品；产品B、C的费用扣取较少，且产品收益率处于行业领先水平，因此价格评级居于前列。

仅凭如上简单的价格分并不能完整地反映一个产品的优劣，还应该综合产品所属公司的财务状况、历史表现、偿付能力、负债情况、理赔和服务水平等因素，并赋予不同权重进行加权得到综合评级。本报告在综合考虑各项因素后发现，上述四项产品的综合评级没有发生显著变化。

三、万能保险市场发展展望及建议

万能险因其兼具保障和理财功能，一直较受消费者欢迎。万能险是一种比较好的保险产品类型，鉴于当前市场上大部分产品仍为投资型倾向万能险，保险机构应该加强其保障功能的宣传，并加大保障功能为主的万能型保险产品的开发，建议消费者在选购万能险时，也要更加注重万能险灵活的保障功能，发挥其在寿险保障、养老和教育储备方面的优势。

分报告六
投资连结保险产品市场调研报告

说明：投资连结保险[1]是账户型产品，属于新型保险产品，与传统的保障型保险产品有所不同，因此本分报告结构与其他产品分报告略有不同。

一、投资连结保险产品市场状况

（一）投资连结保险产品市场发展状况

中国第一款投连险产品诞生于1999年，自其诞生以来丰富了我国保险资金运用的渠道，对我国保险业甚至整个金融业的发展都产生深远的影响。但是投连险产品市场的发展并非一帆风顺，到现如今该市场历经“两起三落”，回顾它的多次起起落落都与股市有着千丝万缕的联系，股市高涨往往带动投连险保费收入扩张。从一定程度上来说，股市可以作为投连险保费的先行指标（见图1）。

[1] 投资连结保险简称投连险。

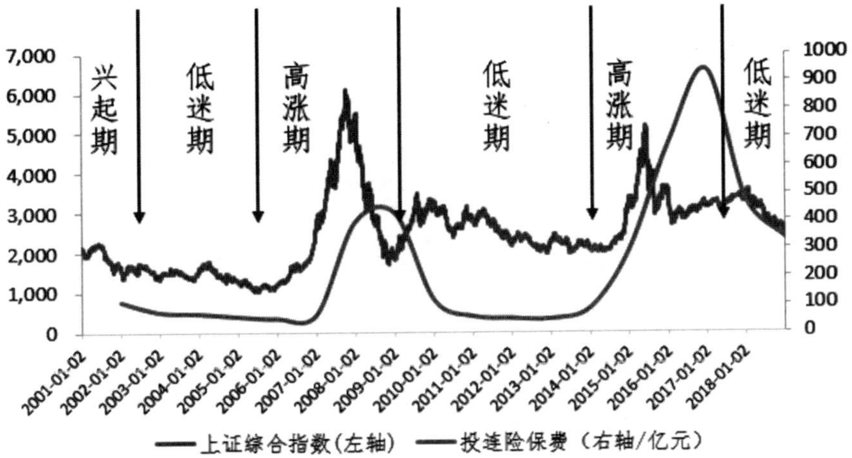

图 1：1999—2018 上证综指与投连险的六个发展阶段

最新阶段是从 2017 年至今的再度低迷期。2017 年，在“保险姓保”的导向下，原保监会印发《中国保监会关于规范人身保险公司产品开发设计行为的通知》（保监人身险〔2017〕134 号），规定“保险公司不得以附加险形式设计万能型保险产品或投资连结型保险产品”，这一监管政策的落地实施，使得投连险产品保费收入开始下滑。2018 年我国投连险产品新增保费收入共计 470.42 亿元，同比减少 49.90%。2018 年，与投连险产品收益关系密切的 A 股市场持续震荡，我国投连险产品新增保费收入共计 332.85 亿元，同比减少 29.24%。2018 年投连险产品保费收入排名前十名保险公司信息如表 1 所示。

2018 年投连险市场头部公司大幅压缩投连险产品收入规模，市场集中度略有下降，前三大公司的市场份额相较 2017 年的 88.50% 降为 80.59%。2018 年，前五大公司的投连险市场份额为 92.11%，前十大公司的投连险市场份额为 98.63%，投连险的市场竞争仍然集中于少数几家公司之间。

表 1：2018 年投连险保费收入排名前十名统计表

公司名称	投连险独立账户新增交费（亿元）	投连险保费同比增长率	2017 年投连险市场份额	2018 年投连险市场份额
公司 1	135.45	–49.30%	56.79%	56.79%
公司 2	92.91	31.29%	15.04%	15.04%
公司 3	39.88	–49.13%	16.67%	16.67%
公司 4	19.21	2.08%	4.00%	4.00%
公司 5	19.15	17.07%	3.48%	3.48%
公司 6	7.56	1902.47%	0.08%	0.08%
公司 7	4.62	2.23%	0.96%	0.96%
公司 8	4.46	46.76%	0.65%	0.65%
公司 9	2.58	10.52%	0.50%	0.50%
公司 10	2.48	–9.81%	0.58%	0.58%

表 2：部分公司投连险保费比重增幅统计表 [1]

公司名称	2017 年投连险保费占公司总保费比重	2018 年投连险保费占公司总保费比重	投连险保费占公司总保费比重增幅
公司 1	16.44%	8.92%	–7.52%
公司 2	42.94%	50.43%	7.49%
公司 3	47.41%	26.29%	–21.13%
公司 5	9.64%	10.17%	0.53%
公司 8	6.86%	8.16%	1.31%
公司 9	16.39%	15.28%	–1.11%
公司 11	17.25%	23.00%	5.75%

[1] 注：公司名称的序号依据表 1 的排列规则；总保费在原保费的基础上加上了万能险、投连险保费。

除上述几家公司外，2018 年市场再无保险公司投连险保费占公司总保费比重超过 2%。可以看出，只有少数几家保险公司的投连险业务在公司业务中占据较重要的地位。

（二）投资连结保险产品报备状况

2018 年保险公司新报备的投连险产品共 33 个，占所有报备人身险产品的 0.77%。近几年呈逐年下降趋势（见图 2）。

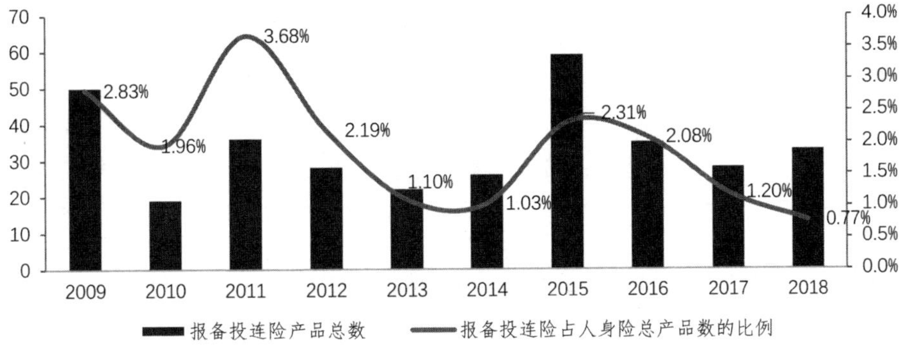

图 2：2009 年—2018 报备的投连险产品数及比重

（三）投资连结保险产品数据分析来源

《分报告六——投资连结保险产品市场调研报告》的分析数据均来自市场公开信息，如产品条款、产品费率等。本分报告以下的统计分析结果来自于全行业所有现存投资连结保险产品及相对应的投资账户。

二、投资连结保险产品特征分析

（一）收益率分析

1. 投资账户分类

根据原中国保监会 2012 年发布的《保险资产配置管理暂行办法》，投连险被纳入独立账户，投连险账户投资股市的资金额度占比不需服从银保监会要求的 25% 上限的规定。账户各资产的投资比例，由保险公司通过书面合同与投保人或者受益人约定。

投连险一般设有多个账户，根据不同的投资策略，投连险可分为指数型、激进型、混合型等账户。分类标准如表 3 所示。

表 3：投连险账户分类标准表 [1]

<table>
<tr><th rowspan="2">A 级分类</th><th rowspan="2">B 级分类</th><th colspan="2">分类标准</th><th rowspan="2">注解</th></tr>
<tr><th>按权益投资分</th><th>按投资股票基金比例分</th></tr>
<tr><td>指数型</td><td>指数型</td><td>采取指数化策略</td><td>指数化策略</td><td>挂钩某一类指数产品，名称中一般都有指数字样</td></tr>
<tr><td>激进型</td><td>激进型</td><td>权益配置比例在 70% 以上</td><td>80% 以上</td><td>权益类投资为主，名称中一般都有积极、成长、增长、进取一类字样</td></tr>
<tr><td rowspan="2">混合型</td><td>混合激进型</td><td>权益配置比例在 40%—70%</td><td>50%—80%</td><td rowspan="2">股票权益类和债券类较为均衡，名称中一般都有平衡、混合等字样</td></tr>
<tr><td>混合保守型</td><td>权益配置比例在 40% 以下</td><td>20%—50%</td></tr>
</table>

[1] 此分类标准为华宝证券分类标准。

续表

债券型	增强债券型	可投债券型基金，或者少量权益类投资	20% 以下	名称中一般都有债券、稳定、稳健等字样
	全债型	不投资权益类，仅投资于债券和货币市场	80% 债券	
货币型	货币型	投资于货币市场比例在 80% 以上	80% 货币市场	名称中一般都有货币、现金、避险等字样
类固定收益型	类固定收益型	投资范围包括债权计划、不动产计划以及固定收益类信托计划等非标准化资产	——	

2018 年全年各投连险分类账户平均累计回报率差距较大，权益配置比例较高的账户均为负收益，如指数型（–20.50%）、激进型（–21.35%）、混合激进型（–15.01%）、混合保守型（–6.68%）；而较少或不投资权益类资产的账户均取得正收益，如全债型（4.02%）、类固定收益类（3.70%）、货币型（3.25%）、增强债券型（2.16%）。主要是由于 2018 年全年股票市场低迷，沪深 300 跌幅达到 –25.31%，而债券市场、货币市场等收益相对稳健。

2. 回报率分布

分别比较不同类型账户在不同时间段的回报率分布、期望和标准差（注：数据截至 2018 年 12 月 31 日，以下数据均来自华宝证券）。

（1）近3个月（参见表4）

表4：近3个月各类型账户回报率统计表

回报率R（区间账户数/总账户数）	R<0 占比	0 ≤ R < 1% 占比	1% ≤ R < 3% 占比	3% ≤ R < 5% 占比	5% ≤ R < 10% 占比	R ≥ 10% 占比
指数型	6/6	0	0	0	0	0
激进型	53/54	0	1/54	0	0	0
混合激进型	36/37	0	1/37	0	0	0
混合保守型	19/22	2/22	1/22	0	0	0
增强债券型	5/21	8/21	5/21	3/21	0	0
全债型	1/12	2/12	9/12	0	0	0
货币型	0	24/28	4/28	0	0	0
类固定收益型	3/29	11/29	15/29	0	0	0

最近3个月，各账户之间的回报率形成鲜明的对比。指数型、激进型、混合激进型、混合保守型等对权益类资产投资较多的账户类型中，绝大多数账户收益为负。而主要在债券市场、货币市场投资的全债型、类固定收益类、货币型、增强债券型等账户类型中，多数账户能取得3%以内的正收益。

（2）近6个月（参见表5）

最近6个月，我国A股市场持续低迷。指数型、激进型、混合激进型、混合保守型等账户类型表现依旧不佳。而全债型、类固定收益类、货币型、增强债券型等账户类型中，有超过10个账户类型取得3%以上的收益。

表5：近6个月各类型账户回报率统计表

回报率R（区间账户数/总账户数）	R<0 占比	0 ≤ R < 1% 占比	1% ≤ R < 3% 占比	3% ≤ R < 5% 占比	5% ≤ R < 10% 占比	R ≥ 10% 占比
指数型	6/6	0	0	0	0	0
激进型	53/54	0	0	1/54	0	0
混合激进型	35/37	2/37	0	0	0	0
混合保守型	18/21	2/21	1/21	0	0	0
增强债券型	4/21	3/21	7/21	5/21	2/21	0
全债型	0	0	7/12	4/12	1/12	0
货币型	0	4/28	24/28	0	0	0
类固定收益型	1/29	5/29	18/29	5/29	0	0

（3）近1年（参见表6）

表6：近1年各类型账户回报率统计表

回报率R（区间账户数/总账户数）	R<0 占比	0 ≤ R < 1% 占比	1% ≤ R < 3% 占比	3% ≤ R < 5% 占比	5% ≤ R < 10% 占比	R ≥ 10% 占比
指数型	6/6	0	0	0	0	0
激进型	53/54	0	0	0	1/54	0
混合激进型	36/37	1/37	0	0	0	0
混合保守型	19/22	0	2/22	1/22	0	0
增强债券型	5/21	2/21	5/21	3/21	6/21	0
全债型	0	0	5/12	3/12	4/12	0
货币型	0	0	12/28	15/28	1/28	0
类固定收益型	2/29	2/29	7/29	6/29	12/29	0

最近 1 年，我国 A 股市场从小幅上涨到大幅下跌。指数型、激进型、混合激进型、混合保守型等账户类型中仅 5 支账户取得正收益。与之相反，其他账户类型中仅 7 个账户取得负收益，全债型和货币型所有账户均取得 1% 以上的正收益。

（4）近 2 年（参见表 7）

表 7：近 2 年各类型账户回报率统计表

回报率 R（区间账户数 / 总账户数）	R<0 占比	0 ≤ R < 1% 占比	1% ≤ R < 3% 占比	3% ≤ R < 5% 占比	5% ≤ R < 10% 占比	R ≥ 10% 占比
指数型	6/6	0	0	0	0	0
激进型	45/53	0	3/53	2/53	1/53	2/53
混合激进型	32/37	1/37	1/37	1/37	1/37	1/37
混合保守型	11/21	3/21	1/21	2/21	4/21	0
增强债券型	3/21	0	3/21	3/21	11/21	1/21
全债型	0	0	1/12	5/12	6/12	0
货币型	0	0	0	6/28	22/28	0
类固定收益型	1/27	0	3/27	5/27	9/27	9/27

最近 2 年，指数型所有账户收益依旧为负，激进型、混合激进型、混合保守型虽多数账户收益为负，但也有部分账户取得不俗的回报率。全债型、类固定收益类、货币型、增强债券型等账户类型表现不俗，仅 11 个账户回报率小于 5%，货币型的绝大多数账户回报率均位于 5% 至 10% 之间。

（5）近3年（参见表8）

表8：近3年各类型账户回报率统计表

回报率R（区间账户数/总账户数）	R<0占比	0 ≤ R < 1%占比	1% ≤ R < 3%占比	3% ≤ R < 5%占比	5% ≤ R < 10%占比	R ≥ 10%占比
指数型	6/6	0	0	0	0	0
激进型	48/52	0	0	0	1/52	3/52
混合激进型	33/35	1/35	0	0	0	1/35
混合保守型	15/19	1/19	2/19	0	1/19	0
增强债券型	3/19	1/19	1/19	5/19	8/19	1/19
全债型	0	1/12	0	3/12	7/12	1/12
货币型	0	0	0	2/25	16/25	7/25
类固定收益型	0	0	1/18	2/18	4/18	11/18

最近3年，指数型、激进型、混合激进型、混合保守型等对权益类资产投资较多的账户类型表现依旧不佳，仅有10个账户取得正收益。其余账户类型表现相对稳健，半数以上的账户能取得5%以上的正回报率。

3. 回报率比较

分别比较不同类型账户在不同时间段回报率的期望和标准差。具体统计结果参见表9。

最近三年来看，各类型账户风险与收益不相匹配。由于最近几年我国资本市场震荡，权益类资产投资账户波动较大且收益率普遍较低，在承担较高投资风险的同时，并未取得与风险相匹配的收益。相比较而言，主要投资于债券市场、货币市场的全债型、类固定收益类、货币型、增强债券型等账户收益稳健，风险较低。

表 9：不同类型账户不同时段回报率的期望和标准差统计表

账户类型	近 3 月		近 6 月		近 1 年		近 2 年		近 3 年	
	期望回报（%）	标准差（%）	期望回报（%）	标准差（%）	期望回报（%）	标准差（%）	期望回报（%）	标准差（%）	期望回报（%）	标准差（%）
指数型	–10.40	1.10	–10.36	1.46	–20.50	2.25	–5.86	5.55	–14.64	8.19
激进型	–10.31	3.42	–12.34	4.43	–21.35	6.55	–9.90	10.54	–18.86	15.92
混合激进型	–7.21	3.35	–8.96	4.92	–15.01	5.92	–5.75	7.38	–13.84	11.26
混合保守型	–2.90	2.37	–2.95	3.15	–6.68	6.02	–2.04	7.41	–7.97	9.05
增强债券型	0.73	1.64	1.75	2.36	2.16	3.54	4.39	3.85	3.95	5.17
全债型	1.32	0.70	3.19	1.17	4.02	1.83	5.64	2.19	6.62	3.04
货币型	0.66	0.22	1.53	0.44	3.25	0.87	6.38	1.67	8.37	2.41
类固定收益型	0.89	0.60	1.92	1.09	3.70	2.19	7.63	3.73	11.41	5.36

从较长历史时段（如近 3 年）来看，如果比较各账户平均回报率，由高到低依次为：类固定收益型（11.41%）、货币型（8.37%）、全债型（6.62%）、增强债券型（3.95%）、混合保守型（–7.97%）、混合激进型（–13.84%）、指数型（–14.64%）、激进型（–18.86%）。

然而，仅考虑平均回报率并不能体现各类型账户之间回报率的波动性。还需要通过计算变异系数（标准差 / 期望）来比较不同账户之间的稳定性，不同类型账户变异系数的统计结果参见表10。变异系数绝对值越大，越不稳定。

表10：不同类型账户变异系数统计表

账户类型	变异系数				
	近3月	近6月	近1年	近2年	近3年
指数型	-0.11	-0.14	-0.11	-0.95	-0.56
激进型	-0.33	-0.36	-0.31	-1.06	-0.84
混合激进型	-0.46	-0.55	-0.39	-1.28	-0.81
混合保守型	-0.82	-1.07	-0.90	-3.63	-1.14
增强债券型	2.24	1.35	1.64	0.88	1.31
全债型	0.53	0.37	0.45	0.39	0.46
货币型	0.33	0.29	0.27	0.26	0.29
类固定收益型	0.68	0.57	0.59	0.49	0.47

从理论和历史经验看，指数型、激进型等在权益类资产投资比重较大的账户，一般能取得较高的平均回报率，但是权益性资产的波动性即风险性往往更大，最近几年我国资本市场表现欠佳，权益类资产回报率普遍较低，甚至出现负收益，其对应的账户回报率也普遍为负。波动性较小的账户，如全债型、类固定收益类、货币型等极少或不投资权益类资产的账户一般回报率较低，但是由于其相对稳健，近几年在市场普遍低迷的情况下取得了相对较高的回报。

但是，由于投连险有初始费用，减少了进入保单投资账户的保费，投连险不合适作为短期投资工具，更适合中长期投资资金规划。同时，也很少有消费者将投连险作为短期投资工具仅持有数月或者一至两年，所以在更长的时间段内考虑投连险的收益情况可能才更有意义。由于类固定收益型账户上市时间相对较晚，故暂无对此类账户回报的统计。具体账户回报率统计结果见表 11。

表 11：不同类型账户不同时段回报率统计表

账户类型	近 6 年			近 10 年		
	期望回报（%）	标准差（%）	变异系数	标准差（%）	期望回报（%）	变异系数
指数型	21.77	33.58	1.54	47.53	17.45	0.37
激进型	52.59	47.97	0.91	98.02	108.81	1.11
混合激进型	35.96	22.70	0.63	57.15	37.92	0.66
混合保守型	30.37	22.00	0.72	51.09	27.84	0.54
增强债券型	36.16	10.98	0.30	55.98	13.04	0.23
全债型	25.97	8.77	0.34	47.70	1.58	0.03
货币型	21.65	4.48	0.21	32.94	7.12	0.22

从较长的投资期限来看，除去少数异常值，投连险账户整体基本遵循了风险与收益相匹配的原则。如图 3 和图 4 所示，激进型账户在享有高收益的同时也承担着高风险，货币型账户收益水平较低而风险也较小。从近 6 年的时间段看，指数型账户在期望回报并不显著高于其他账户的同时却承担着较高的风险；而增强债券型账户在享有高收益的同时承担着较低的风险。从近 10 年的时间段看，增强债券型、全债型账户收益相对可观的同时风险较小；激进型账户提供显著高于其他账户的高收益率的同时也承担着成倍的风险。

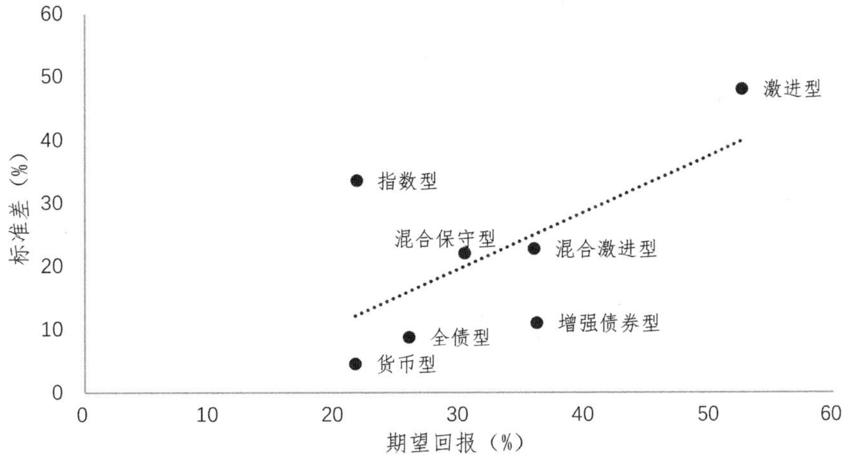

图 3：近 6 年不同类型账户期望回报与标准差散点图

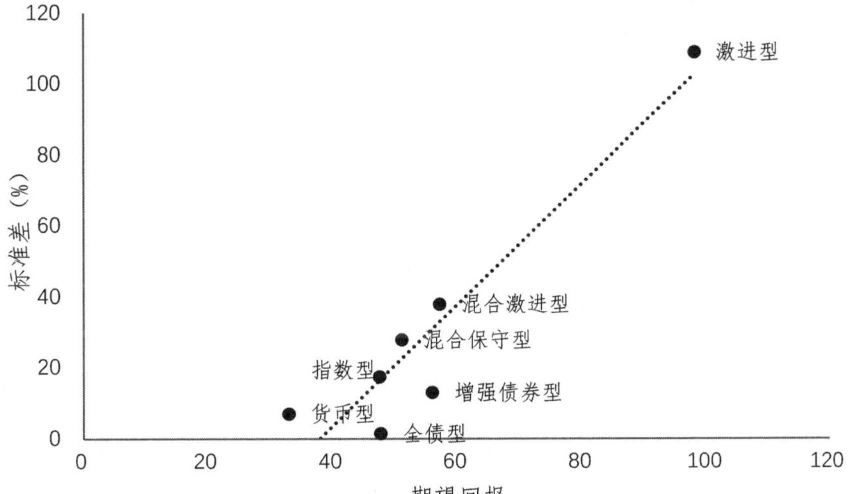

图 4：近 10 年不同类型账户期望回报与标准差散点图

可以看到，随着投资年限的增长，风险与收益相匹配的原则更加明显，异常值减少，各账户更加靠近趋势线。通常来说，越靠近散点图右下方的账户，期望回报较高的同时风险较低；而越靠近散点图左上方的账户，期望回报较低的同时风险较高。

（二）费用分析

投连险产品仅可以收取以下几种费用：初始费用、买入卖出差价、死亡风险保险费、保单管理费、资产管理费、手续费和退保费用。期交投连险产品的保险费由基本保险费和额外保险费构成，基本保险费不得高于保险金额（保单签收时的死亡保险金额）除以 20，并不得高于人民币 6000 元，期交保险费高于基本保险费的部分为额外保险费。监管部门要求这样设置的原因是基本保险费可以扣除的初始费用较高，限制在 6000 元以内可以控制扣费金额。

1. 费用收取上限

根据原保监会发布的《关于印发投资连结保险万能保险精算规定的通知》（保监寿险 [2007] 335 号）要求，各项费用的收取一般都有一定的上限，如表 12 所示：

表 12：各项费用收取上限

费用类型	计算方式	收费上限
初始费用	比例	期交保费： 1. 基本保费：第 1 年 50%，第 2 年 25%，第 3 年 15%，第 4 年和第 5 年 10%，以后每年 5%； 2. 额外保费：5%； 3. 追加保费：5%
		趸交保费： 1. 原保费：人民币 5 万元及以下部分 10%，人民币 5 万元以上部分 5%； 2. 追加保费：5%

续表

买入卖出差价	买入价和卖出价之间的价差	比例上限为 2%
死亡风险保险费	保额 × 费率合同约定费率上限	
保单管理费		没有上限，原保监会规定，保单管理费应当是一个固定金额，不能以比例形式来收取。大部分投连险产品已经免收保单管理费
资产管理费	账户价值 × 比例	比例上限为 2%
手续费	因转换投资账户而收取	无明确上限规定
退保费用	退保费率	第一年 10%，第二年 8%，第三年 6%，第四年 4%，第五年 4%，第六年及以后 0%

2. 典型产品对比

表 13：典型投连险产品比较表

产品名称	缴费方式	销售渠道	初始费用	死亡风险保险费	资产管理费	转换手续费	退保费用	部分领取手续费
A 产品	趸交，可追加	网络直销	0.30%	0%	1.00%	未明确	第 1 年: 3%; 第 2 年及以后各保单年度：0%	部分领取同退保费用
B 产品	趸交，可追加	网络直销	0.30%	0%	1.00%	未明确	第 1 年为 5%，逐年减少 1% 直至为 0%	部分领取同退保费用

续表

C 产品	趸交、定期追加、不定期追加	非网络直销	1.50%	依费率表而定	不高于 2%	无手续费	第 1 年：5%；第 2 年：3%；第 3 年：1%；第 4 年及以后：0%	无手续费
D 产品	不定期、不定额	团体产品	1%	0%	0.30%	未明确	第 1、2 年为 4%，此后逐年减少 1% 直至为 0%	部分领取同退保费用
E 产品	不定期、不定额	团体产品	1%	0%	0.30%	未明确	第 1 年为 5%，逐年减少 1% 直至为 1%	部分领取同退保费用
F 产品	趸交，可追加	团体产品	5%	0%	2%	前 6 次 0 元，之后每次 25 元	第 1 年为 5%，逐年减少 1% 直至为 0%	—
G 产品	趸交，可追加	网络直销	0%	0%	成长型：1.5%；稳健性：1%；保守型：0.8%；平衡性：1.2%	账户转换手续费：2%；部分领取手续费：第 1 年不超过 1%	第 1 年不超过 1%	
H 产品	趸交	网络直销	0.30%	0%	1%	—	第 1 年为 5%，逐年减少 1% 直至为 0%	—

续表

I 产品	年交、月交	银保产品	1 年期：40%；2 年期：25%；3 年期：15%；4—5 年期：10%	依费率表而定	不高于 2%	不高于 2%	未明确	未明确
J 产品	趸交，可追加	网络直销	不超过 5%	0%	不高于 2%	未明确	第 1 年为 3%，逐年减少 0.5% 直至为 0%	同退保费用

三、投资连结保险产品展望

从行业发展层面看，监管层不断强调保险的保障本质，倡导保险行业回归保障本源。这也是 2017 至 2018 年投连险收入下降、回归理性的原因之一。建议投连险未来注重提高保障功能，作为品质养老的有效工具和重要补充，帮助消费者进行长期的财务管理。根据市场经验，投连险账户相对于基金而言，投保人较少调动资金，因此投连险账户的资金相对稳定，准备金宽松，可以进行长期投资安排。

（一）鼓励发展养老补充型投连险

未来社会养老金支付压力大、领取金额不高、个人消费观念转变、家庭养老金储备不足等问题日益突出。中青年投保人风险承受能力强，风险偏好高，借助投连险账户转换灵活、投资风险可调的特点，可以将投连险作为补充养老的主要产品。

（二）鼓励发展寿险保障型投连险

鼓励推广高保额投连险，真正实现投连险保障功能与投资功能的结合。另外，可以考虑发展平准风险费率型投连险，丰富市场选择。

（三）有效控制投连险相关费用收取比例

相对于基金等投资品，投连险产品会收取一定的初始费用，初始费用过高会影响投连险的最终收益，也会影响产品在市场上的竞争力，建议有效控制投连险初始费用的收取比例。

（四）鼓励长期持有，调整投资策略

根据上文分析，投连险产品在短期内收益波动较大，可能出现负收益，长期持有更有可能获得稳定可观的收益。当前，投连险产品通过奖励金、退保费用等方式鼓励消费者长期持有，保险公司可适当加大相应奖励或惩罚机制。

投连险产品的收益率与股市行情的相关度较大，最近几年股市相对低迷，投连险产品收益率下滑。投连险投资账户可采取更加灵活的投资方式，适当降低权益类投资比例，多元化投资渠道。

分报告七
中端医疗保险产品市场调研报告

一、中端医疗保险产品市场状况

（一）中端医疗保险产品市场发展状况

2018 年以百万医疗为代表的中端医疗险持续火爆。2016 年，财产险公司众安保险率先推出百万医疗产品，将中端医疗险升级为保额高达百万的“百万医疗”。此后，在不到两年的时间里，众多寿险和财险公司都分别推出多款百万医疗产品。在此期间，产品经历了多次迭代，其主要的迭代升级方向如下：

1. 保险期间

最初的百万医疗产品都是 1 年期产品，后来逐渐出现了 3 年期产品，5 年期产品，以及现在的 6 年保证续保产品。

2. 保额

最初的保额设置是 100 万，后来逐渐提升到 200 万、300 万。但由于是费用补偿型医疗保险产品，实际上百万以上的赔付概率微乎其微。为此，监管也对这种虚高的保额给出过意见。2018年银保监会19号文件《关于组织开展人身保险产品专项核查清理工作的通知》中提到“费用补偿型医疗保险，为追求营销噱头，在严重缺乏经验数据、定价基础的情况下，盲目设定高额给付限额，并在短期健康保险中引入‘终身给付限额’‘连续投保’等长期保险概念，夸大产品功能，扰乱市场秩序。”实际上对这种营销噱头给与了一定程度的否定态度。

3. 保费

2018年个别1年期百万医疗险产品的费率进行了调整，将有些年龄段的保费调高的同时将部分年龄段保费减少，但由于整体来说保费仍然较低，消费者并没有实际感觉。

4. 免赔额

最初的免赔额设置多为1万元，后来在1万元的免赔额基础上往下派生了8000、5000等多个形态。

5. 保险责任

迭代的重点还是保险责任，总体来说保障责任逐渐丰富，越来越细。

6. 增值服务

新的百万医疗大多提供了绿色通道、费用垫付等增值服务。

7. 保障人群

2018年百万医疗拓展了保障年龄，从最初的60岁提升到65岁。对于更高的年龄段，很多公司采用仅提供癌症百万医疗的方式，并将三高人群也纳入了保障范围。

“百万医疗”从某种意义上来说，是一款真正的互联网背景下的创新产品。当前，中端医疗保险市场的发展潜力仍然巨大。首先，当前中端医疗险市场客户多为一二线城市人群，该类人群对医疗保障程度、范围和服务有更高的要求，购买需求潜力巨大。其次，中端医疗保险相比高端医疗保险，价格更加便宜，交易频率相对较高，更能被消费者接受，也很容易购买。另外，中端医疗险市场仍处于不断探索和发展阶段，产品创新空间大，更易打开市场。

但与此同时，市场上各类中端医疗险产品由于没有统一的规范，各产品条款对责任的定义不同，责任设置复杂，细节过多且难以理解，增加了消费者的购买难度。

（二）医疗险产品报备状况

图 1 展示的是各年份医疗险产品的报备数量。可以看出，医疗险产品总体报备数量呈上涨趋势，除 2008—2009 年迎来一波医疗险产品增长高

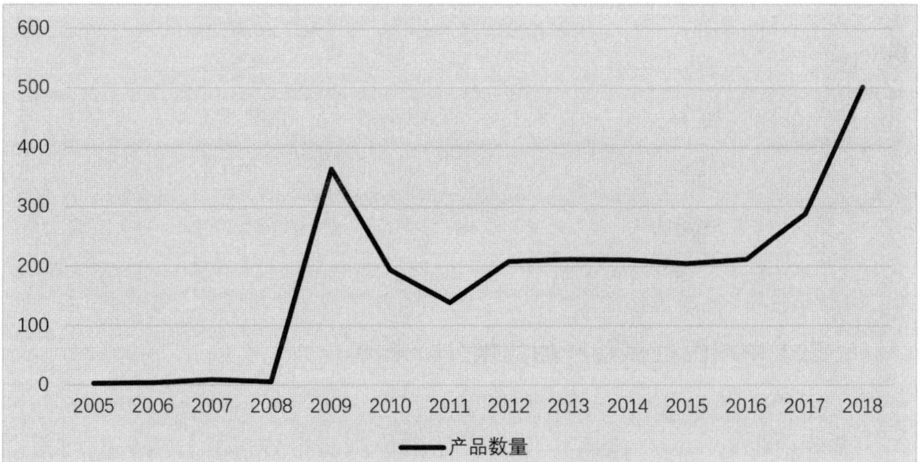

图 1：2005—2018 年医疗险产品报备情况

峰外，2018年也迎来一波医疗险“大爆发”，当年报备产品数量高达500个。

2018年新报备的医疗险产品中单独的个险医疗险和附加于重疾、寿险等主险上的附加补充医疗险报备数量基本一致，单独个险数量略多于附加险，具体参见表1。

表1：2018年医疗险产品个险和附加险报备情况统计表

医疗险类型	比例
个险	52.30%
个险附加	47.70%

如表2所示，在个险产品中，中端医疗险产品占大多数，高端医疗险、单独护理保险和仅含有牙科责任的保险产品均占比较小。其他个险医疗险产品涵盖海外医疗险、单独孕育保险及单独意外伤害医疗保险等。

表2：2018年医疗险个险报备情况统计表

医疗险类型	比例
中端	66.41%
高端	4.58%
护理	5.73%
牙科	1.91%
其他	21.37%

（三）中端医疗保险产品数据分析来源

《分报告七——中端医疗保险产品市场调研报告》的分析数据均来自市场公开信息，如产品条款、产品费率等。本分报告以下的统计分析结果基于 50 多款中端医疗保险产品。

二、中端医疗保险产品特征分析

本报告对 2018 年市场上在售的主流中端医疗险产品进行分析。

（一）保险责任

中端医疗险合同包括的主要保险责任有住院医疗费用、特殊门诊医疗费用、住院前后门急诊费用，除此之外，某些中端医疗险产品还包括重大疾病医疗保险责任、恶性肿瘤医疗保险责任等。表 3 是包含上述责任的产品占所有被分析的中端医疗险产品中的比例。

表 3：中端医疗险主要保险责任统计表

<table>
<tr><th colspan="2">保险责任</th><th>比例</th></tr>
<tr><td rowspan="3">一般医疗保险责任</td><td>住院医疗费用</td><td>92.86%</td></tr>
<tr><td>特殊门诊医疗费用</td><td>89.29%</td></tr>
<tr><td>住院前后门急诊费用</td><td>64.29%</td></tr>
<tr><td colspan="2">重大疾病医疗保险责任</td><td>37.50%</td></tr>
<tr><td colspan="2">恶性肿瘤医疗保险责任</td><td>53.57%</td></tr>
</table>

（二）一般医疗保险责任

指在合同有效期内，被保险人因遭受意外伤害事故或者在等待期以后因患疾病，经合同约定的医疗机构诊断必须接受治疗，且在合同约定的医疗机构接受治疗的，按照合同的约定承担给付一般医疗保险金的责任。一般医疗保险责任涵盖三大类费用：住院医疗费用、特殊门诊医疗费用及住院前后门诊费用。

1. 住院医疗费用

指被保险人住院治疗期间实际发生并支付的合理且必要的住院医疗费用。主要包含床位费（含医院床位费、重症监护室床位费、加床费）、膳食费、药品费、材料费、诊疗费（医生费）、治疗费、护理费、检查化验费、手术费、器官移植费、救护车使用费等。表 4 是各种住院医疗费用占所有被分析的中端医疗产品中的比例。

表 4：各住院医疗费用责任占比统计表

费用项目		比例
床位费	医院床位费	100.00%
	重症监护室床位费	76.92%
	加床费	32.69%
药品费		100.00%
治疗费		100.00%
检查化验		100.00%
手术费		100.00%
膳食费		98.08%
护理费		98.08%
诊疗费（医生费）		82.69%
救护车使用费		65.38%
材料费		40.38%
器官移植费		19.23%

由上表可以看出，中端医疗险产品的住院医疗费用保障责任中基本都涵盖医院床位费、药品费、治疗费、检查化验费、手术费、膳食费及护理费。这几大类费用为被保险人住院时所花费的最主要费用，大部分产品将其纳入保障范围内，能切实补偿损失，较有效地帮助消费者渡过难关。除上述占比较高的医疗费用外，某些产品还将冷暖气费用、物理治疗费、急诊室费、耐用医疗设备费、专家会诊费等纳入保障范围内，保障更加全面。

但值得特别注意的是，不同的中端医疗险产品对于药品费所包含的药品范围规定有很大的差异，具体分类及比例见表5。

表5：药品费涵盖的不同范围及比例统计表

药品费涵盖范围	比例
不限社保用药。但不包括：营养补充类药品、免疫功能调节类药品、美容及减肥类药品、预防类药品、中药类药品。	50.00%
不限社保用药。但不包括：中药类药品（主要起营养滋补作用的单方，复方中药和中成药品；部分可入药的动物脏器；中药材和中药饮片炮制的各类酒制剂等）。	23.08%
不限社保用药。但不包括：中草药。	11.54%
不限社保用药。但不包括：自购药品；营养性复合维生素、矿物质、中草药、膏方及其他营养保健药费，试验或研究性质的药物费用；医生开具的、超过90天部分的药品（包含维生素）费用。	3.85%
医保范围内外药品报销比例不同。	3.85%
不限社保用药。但不包括：美容及减肥类药品、中药类药品。	3.85%
不限社保用药。但不包括：营养补充类药品。	1.92%

从上表可以看出，不可赔付的药品基本围绕着营养补充类药品、免疫功能调节类药品、美容及减肥类药品、预防类药品、中药类药品五大类。

有一半的产品将这五大类药品全部除外，接近 1/4 的产品仅不赔付中药类药品，其中有部分产品仅除外中草药，剩下有少部分产品除外其他类药品、重新定义药品范围或赔付比例。

2. 特殊门诊医疗费用

指被保险人以门诊方式接受特殊治疗期间实际发生并支付的合理且必要的门诊医疗费用。其中特殊治疗主要包含门诊肾透析、门诊恶性肿瘤治疗、器官移植后的门诊抗排异治疗及门诊手术。表 6 是包含不同特殊门诊治疗费用的产品在所有被分析的产品中的比例。

表 6：各特殊门诊医疗项目统计表

特殊门诊医疗项目	比例
门诊肾透析	96.00%
门诊恶性肿瘤	96.00%
器官移植后的门诊抗排异治疗	92.00%
门诊手术费用	74.00%

可以看出，各特殊门诊项目的出现比例均较高。但需要注意，不同的中端医疗险在门诊恶性肿瘤责任中所包含的治疗方式有所不同：较为全面的是“化学疗法，放射疗法，肿瘤免疫疗法，肿瘤内分泌疗法，肿瘤靶向疗法”，而有的产品只包含其中部分治疗方式，如只包含“放化疗”。除此之外，某些产品中只赔付肾移植后的门诊抗排异治疗，而不赔付其他器官。

3. 住院前后门急诊费用

指被保险人在住院前及出院后若干天内，因与住院相同的原因进行门急诊医疗的费用。对于住院前及出院后的具体保障天数，各医疗险产品的规定有所不同，详见表7。

表7：住院前后门诊保障天数统计表

保障天数	比例
住院前7天，出院后30天	69.44%
住院前7天，出院后7天	30.56%

大多数中端医疗险赔付住院前7天、出院后30天产生的门急诊费用，保障时间相对较长，为消费者减轻了部分门诊就诊费用压力，能满足大多数消费者的需要。

（三）其他医疗保险责任

除一般医疗保险责任外，一般还含有重大疾病医疗保险责任和恶性肿瘤医疗保险责任。重大疾病和恶性肿瘤所花费的医疗费用远超于一般疾病，增加这两种责任是为了补充一般医疗保险金的不足，使保障更加全面。当产品含有一般医疗保险责任时，合同一般约定首先按照一般医疗保险责任的约定进行赔付，当累计给付金额达到一般医疗保险金的保险金额后，再给付重大疾病医疗保险金或恶性肿瘤医疗保险金。

1. 重大疾病医疗保险责任

指在合同有效期内，若被保险人因遭受意外伤害或在等待期后因意外伤害以外的原因确诊初次发生合同约定的重大疾病（无论一种或多种）必须在医院接受治疗的，对于治疗期间发生的合理且必要的医疗费用，按照约定给付重大疾病医疗保险金。不同产品包含的重疾数量差异较大，有的产品仅包含 5—6 种特殊疾病，有的产品仅包含根据《重大疾病保险的疾病定义使用规范》定义的 25 种疾病，有的产品涵盖范围则较广，包含近百种重大疾病。

重大疾病医疗保险责任涵盖的可报销费用范围基本与一般医疗保险责任相同，包含重大疾病住院医疗费用、特殊门诊医疗费用、门诊手术医疗费用及住院前后门急诊费用。比较特殊的是，有部分产品仅涵盖重大疾病医疗保险责任，即只有当被保险人患合同约定的重大疾病并产生一系列医疗费用时才会予以赔付；还有部分产品会在一般医疗保险责任外特别针对重大疾病给付医疗保险金或住院津贴保险金，定额给付金额从数万到数十万不等，住院津贴一般为 100—300 元 / 天。

2. 恶性肿瘤医疗保险责任

指在合同有效期内，若被保险人因遭受意外伤害或在等待期后因意外伤害以外的原因初次确诊罹患恶性肿瘤必须在医院接受治疗的，对于治疗期间发生的合理且必要的医疗费用，按照约定给付恶性肿瘤医疗保险金。类似的，恶性肿瘤医疗保险责任涵盖的可报销费用范围同样与一般医疗保险责任相同，包含恶性肿瘤住院医疗费用、特殊门诊医疗费用、门诊手术医疗费用及住院前后门急诊费用。与重大疾病医疗保险责任类似，某些产品也会专门针对恶性肿瘤给付定额保险金或住院津贴。

（四）免赔额

免赔额即保险人不予以赔付的额度。免赔额的设置一方面是为了简化手续，避免多次小额赔款带来的不便，另一方面也是为了加强消费者的防范与预防意识，共担风险。一般来说，中端医疗险的免赔额大多为1万元。较高的免赔额抬高保险公司的理赔起点的同时降低了保险费用，这也是中端医疗价格亲民的原因。对于中端医疗险的免赔额需要关注以下几点：

1. 免赔额度

中端医疗险免赔额度大多落于5000元至10000元。个别产品免赔额设置高达2万元。也有部分产品对于有社保和无社保的被保险人设置不同的免赔额，一般有社保免赔额较低，无社保免赔额较高。免赔额越高，保险公司承担的风险及赔付越少，保费也就越便宜，但是被保险人享受的保障程度与水平会大幅降低。

2. 重疾医疗是否无免赔

超过一半的中端医疗产品规定重大疾病医疗或恶性肿瘤医疗无免赔额，即只要是因恶性肿瘤或因合同里约定的其他重大疾病产生的医疗费用，保险公司均予以赔付，相当于给患重病的被保险人以更多保障。

3. 免赔额计算方法

绝大部分中端医疗产品规定从商业保险，侵权方或第三方获得的补偿可计入免赔额用以抵消，但是通过公费医疗和社会医疗保险获得的医疗费用补偿不可计入免赔额。目前，市场上已经出现几款产品的免赔额计算包含医保统筹，一定程度上相当于降低了免赔额度，这样的设置对被保险人更加友好。

（五）免责条款

免责条款的设置一方面是为了防范道德风险，避免消费者的故意行为造成的损失，另一方面也是为了精算定价的需要。由于疾病范围广泛、医疗费用项目众多种类繁杂，中端医疗险的免责条款设置也较为复杂，详见表8。

表8：免责条款设置表

免责类别		具体免责条款
违法犯罪及故意行为类	违规驾驶	被保险人酒后驾驶、无合法有效驾驶证驾驶或驾驶无有效行驶证的机动车、违章驾驶导致交通意外引起的医疗费用
	犯罪活动	被保险人故意犯罪、抗拒依法采取的刑事强制措施、自杀（但被保险人自杀时为无民事行为能力人的除外）、自伤、自虐、拒捕、醉酒、主动吸食或者注射毒品或者被保险人挑衅或者故意行为导致的打斗、被袭击或者被谋杀或者投保人对被保险人的故意杀害、故意伤害、以及由前述任一原因引起的并发症产生的医疗费用
		被保险人被依法拘留、服刑、在逃期间
	军事相关	恐怖活动，邪教组织活动
		战争、军事行动、暴动或者武装叛乱
		任何生物武器、化学武器、核武器、核能装置造成的爆炸、灼伤、污染或者辐射
	故意行为	投保人对被保险人的故意杀害、故意伤害；被保险人无必要但主动置身于风险的情况（抢救他人性命情形不在此限）；被保险人殴斗、故意自伤

续表

免责类别		具体免责条款
高危运动类	高危运动	被保险人从事高风险运动，包括但不限于蹦极、冲浪、滑板、滑冰、滑水、滑雪、轮滑、马术、漂流、潜水、拳击、柔道、赛车、赛马、赛艇、动力伞、滑翔翼、空手道、热气球、跆拳道、车辆表演、车辆竞赛、摔跤比赛、特技表演、替身表演、武术比赛、脱险表演、驾驶卡丁车、攀岩或攀爬建筑物、跳伞或其他高空运动、驾驶滑翔机或滑翔伞、海拔 6,000 米以上的户外运动、攀登海拔 3500 米以上的独立山峰、乘坐或驾驶商业民航班机以外的飞行器、探险活动或考察活动（洞穴、极地、沙漠、火山、冰川等）
		被保险人参加任何职业或半职业运动或可以获得报酬的运动或竞技，在训练或比赛中受伤
高危运动类	高危运动	被保险人从事与其健康状况不适宜的活动或者运动所导致的意外或者所引发的疾病
		被保险人参与任何水、陆、空交通工具的竞赛
		被保险人从事采矿业、地下作业、山洞作业、水上作业、5 米以上高处作业的职业活动期间
		被保险人参与航空或飞行活动，包括身为飞行驾驶员或空勤人员，但以缴费乘客身份乘坐客运民航班机或参与飞行活动的航空或飞行活动的除外
特殊职业类	特殊职业	被保险人作为军人（含特种兵）、警务人员（含防暴警察）在训练或执行公务期间
非疾病治疗类	矫形	各种矫形及生理缺陷的手术和检查治疗项目，包括但不限于平足及各种非功能性整容、矫形手术费用
		对脚表面损害（如鸡眼、老茧、角质化）的治疗费用，但有关骨外露、肌腱或韧带的手术不在此限
		任何与跗骨、跖骨相关的医疗及其他相关费用
		任何用于治疗弱足、矫形足、不稳足、扁平足或足弓塌陷的费用，包括但不限于足弓支撑器、矫正器或任何矫正鞋或其他脚支撑器材费用

续表

免责类别		具体免责条款
非疾病治疗类	牙科	牙科医疗费用（因意外伤害事故引起除外），包括但不限于非治疗必需的、以美容为目的的牙齿处理（洗牙、洁齿）、美白牙齿、种植牙、嵌体、正畸治疗（牙齿保持器）、牙周治疗、牙床治疗、贴面以及任何牙科治疗过程中使用的贵金属材料的相关费用
	视觉	视觉检查、治疗、矫正或其他眼部缺陷视力的纠正手术的相关费用，包括但不限于激光角膜切开术、准分子激光原位角膜磨镶术，但因意外事故或在保险期间内罹患疾病导致引起的除外
	美容整形	美容整形项目和整形手术，包括但不限于皮肤色素沉着、对皮肤表面无囊肿形成或无脓肿的痤疮治疗、红斑痤疮治疗、良性皮肤损害（雀斑、老年斑、痣、疣等）的治疗和去除、对浅表静脉曲张、蜘蛛脉、除瘢痕疙瘩型外的其他瘢痕、纹身去除、皮肤变色的治疗或手术、激光美容、除皱、除眼袋、开双眼皮、治疗斑秃、白发、秃发、脱发、植毛、脱毛、隆鼻、隆胸、缩胸、植发、白癜风以及前述治疗导致的并发症或医疗事故，但因遭受意外伤害事故所致之必要外科整形不在此限
	医疗咨询	医疗咨询，包括但不限于健康咨询、家庭咨询、婚姻咨询、性咨询、婚前咨询、心理咨询、智能测试、教育测试的医疗服务费、睡眠咨询、心理咨询（依照世界卫生组织《疾病和有关健康问题的国际统计分类》（ICD—10）确定的精神和行为障碍以外的一般心理问题，如职场问题、家庭问题、婚恋问题、个人发展、情绪管理等）等费用
	医疗鉴定	医疗鉴定，包括但不限于医疗事故鉴定、精神病鉴定、孕妇胎儿性别鉴定、验伤鉴定、亲子鉴定、遗传基因鉴定（包含基因咨询、筛查、检查及其他相关费用，但因治疗目的而接受的医学必需的基因检测费用不受此限）费用
	健康检查	健康检查及预测，包括但不限于全套个人化营养评估、抗氧化维生素分析、氧化压力分析、营养与毒性元素分析、肠道免疫功能分析

续表

免责类别		具体免责条款
非疾病治疗类	健美	健美治疗项目，包括但不限于营养、减肥（含饮食费、减肥代餐费等）、增胖、增高、单纯性肥胖和病理性肥胖相关治疗（包括但不限于胃旁路术、胃球置放术、胃分隔术、空肠回肠旁路术），以及前述治疗所引起的并发症所导致的医疗费用
	预防保健	预防保健，包括但不限于保健按摩、自动按摩床治疗、药物蒸气治疗、药浴、体疗健身、各种疫苗预防接种、预防注射以及疾病普查的费用。
生殖治疗类	性功能相关	包皮环切、包皮剥离术、包皮气囊扩张术、性功能障碍治疗
生殖治疗类	生育	生育、分娩前的培训、妊娠（包括异位妊娠）、分娩（含难产）、剖腹产、流产、助孕（包括受胎药、不孕不育症的检查和治疗、人工授精、试管授精、配子输卵管内移植、受精卵输卵管植入术、代理怀孕以及任何与不育或生育相关的任何活细胞冷冻贮藏、植入和再植入费用）。
		非紧急情况下的堕胎，因心理或社会原因实施的堕胎及造成的相关并发症，以及选择性手术分娩
		被保险人节育（含避孕及绝育）或被保险人计划生育治疗
		产前产后检查
		绝育后复通
	性病	性病相关的治疗费用
	变性手术	变性手术
		指定性别或其他任何与性别有关的情况或由前述情形导致的并发症的治疗
特定疾病或症状类	遗传疾病	被保险人遗传性疾病、先天性畸形、变形或染色体异常引起的医疗费用
	药物过敏	药物过敏的治疗费用
	食物中毒	食物中毒的治疗费用

续表

免责类别		具体免责条款
特定疾病或症状类	艾滋病	被保险人感染艾滋病病毒或患艾滋病期间因所有疾病所导致的医疗费用
	职业病	职业病的治疗费用
	地方病	地方病的治疗费用
	鼠疫、霍乱、淋病、梅毒	鼠疫、霍乱、淋病、梅毒的治疗费用
	椎间盘突出	椎间盘突出导致的医疗费用
	等待期内特定疾病检查	被保险人在初次投保或非续保的合同生效之日起90/120/180天(含)内接受扁桃腺、甲状腺、疝气、女性生殖器系统疾病的检查与治疗
	发育迟缓	发育迟缓导致的医疗费用，包括但不限于生长激素治疗及其他相关费用（经保险人或其授权的指定服务提供商批准的医学必需情形不在此限）
	细菌或病毒感染	细菌或病毒感染（但因意外事故致有伤口而生感染者除外）的治疗费用
特定疾病或症状类	非惯例疾病	超出通常惯例的医疗费用，如注意力集中缺陷、行为紊乱、多动症、自闭症、对立违抗性障碍、学习障碍、反社会行为、强迫症、恐惧症、依赖症、适应障碍、语言障碍、进食障碍、睡眠障碍（包括打鼾、睡眠呼吸暂停、失眠等）、人格障碍、儿童发展障碍以及其它鼓励积极参与社会沟通的治疗（例如家庭疗法）
	传染病	根据法律或政府指导需要进行隔离或检疫的传染病的治疗的费用

续表

免责类别		具体免责条款
既往症状类	既往症	等待期内出现的疾病、症状或体征或等待期内接受检查但在等待期后确诊的疾病
		被保险人在投保前罹患的、投保时尚未治愈的，投保时未如实告知的疾病
		被保险人所患既往症及其并发症，包括但不限于疾病、受伤、异常症状和生理缺陷及残疾，但在投保时已告知我们并经我们书面同意承保的不在此限。
精神疾病类	精神疾病	任何精神和行为障碍、精神病、精神分裂症、心理疾病、癫痫发作导致的医疗费用以及相关精神治疗师、心理医生、家庭医生或临终安慰的费用
治疗项目类	预防治疗	被保险人接受预防性治疗，包括但不限于免疫接种、疫苗接种或预防接种
	违规治疗	未经保障区域内临床医疗管理部门认可的试验性或研究性治疗（即未经科学或医学认可的医疗）或接受未被治疗所在地权威部门批准的治疗，包括但不限于检查方法、治疗方法、手段、设备、药品等费用
		不符合国家《临床技术操作规范》的治疗，未获得治疗所在地政府许可或批准的药品或药物
		不符合国家《临床技术操作规范》的检查、麻醉、手术治疗、药物治疗而导致的医疗意外或医疗事故所导致的伤害产生的费用
	非必需治疗	依据具有相应资格的医生判断，无医学必要性的检查、诊断和治疗
治疗方式类	中医外部治疗	被保险人进行针灸、正骨、推拿等中医外治所产生的治疗费用
	非手术或药物治疗	非手术或药物治疗，包括但不限于物理治疗、隔离治疗、心理治疗以及质子重离子治疗

续表

免责类别		具体免责条款
治疗方式类	未经医生同意治疗	未经被保险人医生同意的放射治疗、化学治疗、物理治疗、脊椎疗法、职业疗法和语音治疗及其他相关费用
服务设施及医学材料类	服务设施	因个人舒适或方便而产生的费用，包括但不限于电视、电话、食品保温箱、雇佣护工、房屋打扫、访客膳食、住宿、家庭设备、旅行，本保险合同没有列明的急救费用及其他非医学必需的服务和设备
		陪护费、加床费、护工费、洗理费及各种与诊疗无直接关系的费用（包括但不限于脸盆、卫生塑料及卫生纸费）
		定制或改造任何交通工具、洗浴设备或者住宅设备费
		仅为改善或提高目前身体状况（包括但不限于中医调理）而发生的、非选择性手术和治疗及其他相关费用
	医学材料	除心脏瓣膜、人工晶体、人工关节之外的人工器官材料费、安装和路换等费用
		耐用医疗设备（指各种康复设备、矫形支具以及其他耐用医疗设备）的购买或租赁费用
		非手术中必需的假体、矫正器具、支具或者相似的器具费，医生认为治疗必不可少的假体或者耐用医疗设备不在此限
		修复、安装或者购买体外医疗装置或器材以及各种自用的按摩保健和医疗用品，包括但不限于特别支架、器材、轮椅、拐杖、义肢、助听器、义牙、义眼、配镜、假牙、假眼、颈托（急救中使用的颈托不在此限）、腰托、胃托、肾托、阴囊托、子宫托、疝气带、护膝带、钢头颈、矫正器具、药带、药枕、拐杖、健身按摩器和各种磁疗用品及家用检测治疗仪器（如治疗Ⅱ期糖尿病的外置胰岛素泵）以及其他特殊医用材料的费用
	器官相关	器官来源费用（包括但不限于购买人工器官、支付给捐赠者的任何费用）、转运器官的费用、器官的管理费用、器官组织或活体细胞的低温储藏费用
		遗体料理费、遗体冷藏费（包括对遗体或供体实施的任何活细胞冷冻贮藏、植入和再植入费用）

续表

免责类别		具体免责条款
药品费用类	中药	中药类主要起调理身体、营养滋补作用的药品，如：（1）单方、复方中药或中成药品，如花旗参、白糖参、朝鲜红参、玳瑁、蛤蚧、珊瑚、狗宝、冬虫草、海马、红参、琥珀、灵芝、羚羊角尖粉、马宝、玛瑙、牛黄、麝香、西红花、血竭、燕窝、野山参、移山参、珍珠（粉）、紫河车、阿胶、阿胶珠、血宝胶囊、红桃K口服液、十全大补丸、十全大补膏等（2）部分可以入药的动物及动物脏器，如鹿茸、胎盘、鞭、尾、筋、骨等（3）用中药材和中药饮片炮制的各类酒制剂等
	自购药品	自购药品（自购药品指被保险人未经过医院所属的具有执业医生资格的医生开具医嘱，自行至药房、超市、医院所属商业药房等地点购买的药品）费用
药品费用类	滥用药品	未遵医嘱私自服用、涂用、注射药物（按药品说明书使用非处方药除外）
		未按照说明书所示的内容使用非处方药物或有毒物质
		滥用或依赖药物，或任何上瘾或依赖于形成习惯的物质而导致的伤害或疾病引起的医疗治疗
		滥用政府品管制药品导致的医疗费用
		非处方药品和设备，戒烟戒酒药物、食欲抑制剂、头发再生药物、抗老化药物、美容用品、维生素、矿物质等营养保健药品和食品、营养滋补类中草药
	非必需药品	医生开具的、超过30/90天部分的药品（包含维生素）费用
		非医学必需的激素治疗
医疗地点类	港、澳、台及境外	被保险人在香港特别行政区、澳门特别行政区、台湾地区或中国境外的诊疗
	转院	不必要的转院治疗引发的额外费用，包括但不限于为获得治疗发生的交通费（本合同列明的本地救护车费及紧急医疗运送除外）

续表

免责类别		具体免责条款
医疗地点类	非合同规定机构	任何在非保险合同规定的医疗结构接受的服务或治疗产生的费用，包括但不限于在长期护理机构、疗养院、水疗院、温泉、天然诊所、康复机构、养老院、健身房
		被保险人在指定医疗机构高级病房（包括特需病房、国际部病房、外宾病房、VIP 病房、干部病房等）或指定医疗机构范围外的其他医疗机构住院的医疗费用
		在公司规定的医疗机构范围之外的医疗机构发生的任何费用（因紧急情况在就近医院抢救发生的费用除外，但被保险人病情稳定后须转入公司指定的医院治疗）
		在如下机构接受治疗或接受如下的医疗服务：包括但不限于诊所、家庭病床、护理机构、特需医疗、外宾医疗、干部病房、联合病房、国际医疗中心、PVIP 部、联合医院、康复机构
医疗地点类	非必需住院	不符合入院标准、挂床住院或住院病人应当出院而拒不出院（从医院确定出院之日起发生的一切医疗费用）。其中挂床住院指被保险人办理正式住院手续的被保险人，在住院期间每日非 24 小时在床、在院。具体表现包括在住院期间连续若干日无任何治疗，只发生护理费、诊疗费、床位费等情况
其他方式获得补偿类	获得第三者赔偿	所发生的费用已在其他的保险凭证、保险单或社会保险计划中得到赔付的部分或被保险人支出的医疗费用中依法应由第三者赔偿的部分（但肇事者逃逸或无赔偿能力的除外）
	获得其他机构赔偿	根据工伤补偿、职业病或者其他与职业疾病相关的法律法规可从中获得补偿的费用，已从政府、慈善机构、根据工伤补偿、职业病或者其他与职业疾病相关的法律法规可从中获得补偿的费用，已从政府、慈善机构、其他福利计划或医疗保险计划等第三方获得补偿的治疗费用

续表

免责类别		具体免责条款
其他	合同期满后治疗	保险期间届满后发生的医疗费用，包括在此后按疗程使用的处方药品费用（本合同约定属于保险责任范围内的除外）
	非本人就医	非被保险人本人的就医费用，或被保险人冒用他人身份的就医费用，无原始发票的费用，电话咨询费，没有按时就诊的预约挂号费用，非医生处方要求的服务费用，不在执业范围的医疗服务费用
	等待期内治疗	等待期内罹患的疾病或出现的症状
	除外责任	任何在保险合同中未载明的费用及超过合同规定限额的费用
		保险合同中特别约定公司不承担保险责任的事项
		保险合同中特别约定的除外疾病引起的相关费用
		仅有临床不适症状，入院诊断和出院诊断均不是明确疾病的住院

中端医疗险免责条款数目多、内容复杂且不同产品间存在较大差异，需要仔细甄别和比较。

（六）普通条款

1. 投保年龄

大部分中端医疗险产品的最低被保险人年龄设计为0岁（28天/30天），最高投保年龄大多数为60、65周岁。统计结果见表9和表10。

表9：中端医疗险最高投保年龄统计表

最低投保年龄	25天	28天	30天	90天	45周岁
比例	3.57%	44.64%	41.07%	1.79%	3.57%

表 10：中端医疗险最低投保年龄统计表

最高投保年龄	49 周岁	50 周岁	55 周岁	60 周岁	65 周岁	70 周岁	80 周岁
比例	1.79%	1.79%	5.36%	51.79%	33.93%	1.79%	3.57%

2. 犹豫期

中端医疗险产品犹豫期一般为 10 天或 15 天，极少数情况下为 20 天。

3. 等待期

中端医疗险产品的具体等待期设置及占比情况见表 11：

表 11：等待期设置统计表

等待期设置	比例
30 天；意外伤害无等待期	73.21%
腺样体肥大、疝气、扁桃腺的疾病，女性生殖器官的疾病，等待期为 90 天；其他疾病，等待期为 30 天；意外伤害无等待期	8.93%
腺样体肥大、疝气、扁桃腺的疾病，女性生殖器官的疾病，等待期为 120 天；其他疾病，等待期为 30 天；意外伤害无等待期	7.14%
60 天；意外伤害无等待期	3.57%
90 天；意外伤害无等待期	3.57%
30 天；意外伤害，等待期 3 天	1.79%
恶性肿瘤或原位癌，等待期 90 天；意外伤害，等待期 3 天	1.79%

可以看出，大部分中端医疗险产品的等待期为 30 天，意外伤害无等待期。部分产品会将腺样体肥大、疝气、扁桃腺的疾病、女性生殖器官的疾病、恶性肿瘤或原位癌等特殊疾病单独列出，设立较长时间的等待期，为尽量避免潜伏疾病带病投保的可能；还有极少数产品为意外伤害设定 3

天的等待期。

4. 保险期间、缴费方式及续保

中端医疗险产品的保险期间一般为一年，属于短期健康险。缴费方式多为趸交，但也存在月交、季交等方式。

比较特殊的是，中端医疗险产品一般均含有“续保”条款，即可以连续购买该保险。但不同的产品对续保的规定有很大差别，具体体现在：如何续保、最大续保年龄和停售能否续保三个方面。

（1）如何续保

各产品的续保方式一般分为非保证续保和保证续保两大类。非保证续保的整体费率一般可调，其中分为自动续保、申请续保两种方式；保证续保主要是保证期时长的不同，具体续保条款及采取该条款的产品在所有被分析的产品中的比例情况详见表 12。

表 12：续保条款设置及占比统计表

续保条款		比例
非保证续保	非保证续保；申请续保；整体费率可调	41.07%
	非保证续保；自动续保；整体费率可调	17.86%
	非保证续保；自动续保或申请续保；整体费率可调	16.07%
	第一年申请续保、第二年及之后自动续保；整体费率可调	5.36%
	首两年申请续保、第三年及之后自动续保；整体费率可调	1.79%
保证续保	保证续保；每 6 年为一个保证期	7.14%
	保证续保；每 3 年为一个保证期	5.36%
没有明确		5.36%

申请续保是指：每一保险期间届满之前，若被保险人有意向续保，需在届满时提出续保申请。保险人会审核被保险人是否符合续保条件，若不接受续保，保险人一般将于保险期间届满前以书面形式通知投保人；若收到保险费并同意承保后，该合同将自 1 年保险期间届满之时起续保 1 年。也有保险合同将申请期限延长，规定若被保险人在合同保险期间届满后 30 天内未提出书面续保申请，以后则按重新投保处理，疾病观察期重新计算。

自动续保是指：每一保险期间届满之前，若被保险人未主动向保险公司递交停止投保该保险合同的书面申请，则保险公司将按照续保当时对应的费率收取保险费，此后该保险合同延续有效。新续保的合同自期满日起生效，保险期间一般为 1 年。

无论是申请续保还是自动续保，续保时保险费率一般可调。整体费率可调指保费会随着年龄增长而上升，主要是因为随着年龄的增长，发病率会有所上升（但婴幼儿时期发病率一般较高，青少年时期会降低）。除此之外，保险公司每年都会检视费率，考虑整体理赔经验和医疗通胀等在内的一系列因素，并将根据该医疗险计算费率所用的计算基础与实际情况的偏差程度，决定保险费率是否调整及调整幅度。费率调整一般针对所有被保险人，或同一投保年龄、同一投保区域等某一类人群的被保险人。从统计表中可以看出，有近一半的产品采用申请续保的方式，这种方式使保险公司能更好地控制风险；也有部分产品采用自动续保或申请续保及自动续保可选的方式，简化手续、选择更多样。

保证续保是指：到期保险公司必须无条件地给被保险人续保。保证续保期间内，每一保险期间届满之前，若投保人未书面申请不再投保，则视作申请续保，将在保证续保期间内每一保险期间届满时，按续保时年龄对应的费率收取保险费，续保后的新合同生效。

保险公司对被保险人一旦承诺保证续保后，就失去了对被保险人进行核保的权利，不论被保险人新患何种疾病，保险公司都不得对其增加保费，更不能拒保。一般非保证续保的短期医疗险中，如果保险期间内被保险人出险，保险公司赔付之后，下一年往往就无法续保或增加保费续保，这是因为被保险人即使治愈了，重新患病的风险仍然很大，而且慢性病的发生率也较高，对保险公司来讲续保风险太大。由于风险很大，通常保险公司对续保的条件作出不同的规定，有的公司规定将前 1 年或 2 年作为考察期，需要申请续保，此后若保险公司审核同意，认为被保险人的身体状况符合保证续保的规定，则会再同意保证续保。有的公司则规定一定保证续保期间，如 3 年或 6 年，每个保证续保期间届满时，投保人均需要重新投保。

（2）最大续保年龄

医疗险中端产品一般都对最大可续保年龄有所规定，而并非可终身续保，具体统计情况见表 13。

表 13：最大续保年龄及占比统计表

最大续保年龄	80 周岁	99 周岁	100 周岁	105 周岁	没有明确
比例	31.48%	27.78%	24.07%	7.41%	9.26%

由上表可以看出，所统计产品的最大续保年龄均在 80 周岁及以上，超过一半的产品将最高续保年龄定在 99 及 100 周岁。更有部分产品最大续保年龄为 105 周岁，实质上相当于终身续保。

（3）停售能否续保

产品停售一般有以下几种情况：一是产品销售情况较差，可能是由于产品设计不合理、费率较高、不具有竞争力等；二是产品理赔费用过高，远超保险人的偿付能力，可能是由于核保出现问题、费率过低等；三是产品更新升级、公司调整等其他原因。

一般情况下医疗险合同条款中都会明确规定："停售不能续保。"在含有"保证续保"条款的产品中一般会特殊说明在保证续保期间内停售不受影响，但不再次接受投保申请。产品停售后，保险人一般会为投保人提供其他保险产品的合理建议。

（7）特殊条款

中端医疗险产品理赔范围广、涉及的医疗内容复杂，相对于其他人身险产品来说，对保障责任的规定更加细致，也涵盖更多特殊条款与增值服务。

1. 医院范围

在不同中端医疗险产品中对医院范围的规定尤其值得注意。绝大多数产品可报销的医疗机构都要求是中国境内（不含香港、澳门和台湾地区）。一般规定医院为二级及以上公立医院或保险公司指定或认可的定点医院，极少数涉及私立医院或昂贵医院，一般不包括疗养院、老人院、康复中心、精神心理治疗中心、戒毒中心、戒酒中心、健康中心，以及无相应医护人员或设备的二级或二级以上的联合医院或联合病房。病房部门一般为普通部，也有少数会涵盖特需、VIP 病房等。表 14 将对医院范围释义条款中涉及较多的医院及病房专业名词进行解释。

表 14：相关医疗机构及部门释义表

相关医疗机构及部门		释义
医疗机构	公立医院	公立医院是指政府举办的纳入财政预算管理的医院，也就是国营医院、国家出钱办的医院。医院分 3 个等级，一级是社区医院，二级是县（区）级医院，三级是市级医院
	一级医院	是直接为社区提供医疗、预防、康复、保健综合服务的基层医院，是初级卫生保健机构。其主要功能直接对人群提供一级预防，在社区管理多发病常见病现症病人并对疑难重症做好正确转诊，协助高层次医院搞好中间或院后服务，合理分流病人
	二级医院	是跨几个社区提供医疗卫生服务的地区性医院，是地区性医疗预防的技术中心。其主要功能是参与指导对高危人群的监测，接受一级转诊，对一级医院进行业务技术指导，并能进行一定程度的教学和科研
	三级医院	是跨地区、省、市以及向全国范围提供医疗卫生服务的医院，是具有全面医疗、教学、科研能力的医疗预防技术中心。其主要功能是提供专科（包括特殊专科）的医疗服务，解决危重疑难病症，接受二级转诊，对下级医院进行业务技术指导和培训人才；完成培养各种高级医疗专业人才的教学和承担省以上科研项目的任务；参与和指导一、二级预防工作
	私立医疗机构	私立医院是指营利性医疗机构，包括中外合资医院、股份制医院和私立医院，它们的医疗服务价格放开，依法自主经营，照章纳税
	联合医院	医联体是指区域医疗联合体，是将同一个区域内的医疗资源整合在一起，通常由一个区域内的三级医院与二级医院、社区医院、村医院组成一个医疗联合体
	社保定点医院	医保定点医院是指社保部门公布所管辖区域内的具有社保医疗资格的医院名单

续表

医疗机构	精神病院	精神病医院是一个比较特殊的专科医院，通过咨询门诊收治精神障碍患者，从选址、服务对象、托管模式、护理方式、医疗方法等诸多方面，都不同于综合医院或其他专科医院。现多改称为精神卫生研究所、精神卫生专科医院等
	精神心理治疗中心	指以谈话为主要方式，利用心理学、社会学、哲学、医学等方面专业知识，运用严格科学的理论体系和操作规程，为患者解决精神心理问题的目的的机构
	老人院	为老年人提供养老服务的非营利性组织，又称养老院
	疗养院	是提供物理治疗(如水疗,光疗),并配合饮食、体操等疗法以帮助病人恢复健康的医疗机构
	戒毒中心	是指将吸毒人员集中进行戒除吸食、注射毒品的恶习及毒瘾的场所，是对吸毒者进行戒毒治疗的场所。一般戒毒所都配备有相关的戒毒药物，相关的医护人员。戒毒所的分类主要有自愿戒毒所，社区戒毒所，强制隔离戒毒所
	戒酒中心	是指将长期酗酒人员集中进行戒除饮酒的恶习及酒瘾的场所，是对饮酒成瘾者进行戒酒治疗的场所
	健康中心	指将基因、环境、饮食、生活形态等独特体质指标，采用先进的检查技术评估器官功能，再结合生活与饮食习惯制定个性化健康管理方案的盈利性组织
部门及病房	普通部	是指医院为了满足群众的基本医疗需求而设立的医疗服务部门
	外宾病房	是指为外宾患者提供更好的医疗服务而开设的病房
	干部病房	一般是指在某些医院专为领导干部设置的特需病房或政府指定的医院。较比普通病房，高干病房床位不仅面积大，环境好，并配有专职护理人员，办公设施，为高干看病的医生一般也为副主任级以上医生。看病住院不用排队，普通医保无法报销的药物也可以报销等等一系列的优越条件

续表

部门及病房	联合病房	是对大医院的就诊压力的缓解，对就医需求的合理分布，简单点就是说将康复期的病人转移至对应社区医院持续治疗，以达成不必要的医疗资源的浪费
	康复病房	是为了使因疾病或损伤造成的功能障碍，尽可能地恢复到原来的正常状态或最大限度地恢复生活和劳动能力而开设的为患者提供早期临床康复专业指导、床旁康复治疗服务、出院或分流后的恢复期康复诊疗及技术指导的病房
	观察室	是医院的一个观察病人病情的处室
	国际医疗部	是为满足各国驻华使馆官员与家属、在华商会、外企、合资企业的企业家与家属、来华学习工作的专家、教授与家属、观光旅游的宾朋、留学生与国内各界人士的医疗保健需要而设立并经国家批准的特需医疗部门
	VIP 病房	此部门相较于特需部而言并不常见，一般指医院为病患设立的特殊病区，以住院为主
	家庭病床	家庭病床是根据病人的治疗需要和卧床生活习惯，并以家庭作为治疗护理场所而设计的有利于辅助病人恢复的床，能够满足治疗、康复、护理的多种需要。需要在家进行休养治疗或康复的病人

投保人在投保时需特别关注可报销的医院范围，在入院治疗及申请理赔时也需要注意。

2. 意外伤害范围

意外伤害指遭受外来的、突发的、非本意的、非疾病的客观事件直接致使身体受到的伤害。一般医疗险产品中对意外伤害范围无特殊说明，但也有产品中特别说明不包含猝死等意外事故，具体见表 15。

表 15：意外伤害范围及占比统计表

意外伤害范围	比例
无特殊说明	77.78%
不包括：猝死	11.11%
不包括：自然死亡、疾病身故、猝死、自杀及自伤	7.41%
不包括：猝死，过敏及由过敏引发的变态反应性疾病，高原反应，中暑，细菌、病毒或其他病原体导致的感染性疾病	3.70%

可以看出，已有部分产品单独将猝死除外，同时还有产品将反应性、感染性疾病及故意行为除外。

3. 特殊医疗费用

除上述一般医疗保险责任、重大疾病及恶性肿瘤医疗保险责任所对应的医疗费用外，某些产品还单独含有一些特殊的医疗费用，主要是为给某些特定疾病（一般为恶性肿瘤）更好的医疗保障。

（1）质子重离子医疗费用保险金

质子重离子疗法是指针对恶性肿瘤采用质子和重离子技术进行放射治疗，是国际公认的放疗尖端技术，质子和重离子同属于粒子线，与传统的光子线不同，粒子线可以形成能量布拉格峰，能够在对肿瘤进行集中爆破的同时，减少对健康组织的伤害。当被保险人经医院明确诊断罹患本主险合同约定的重大疾病且需在保险人指定的医疗机构接受质子治疗、重离子治疗时，对被保险人实际支出的、合理且必要的质子、重离子医疗费用，进行赔付。赔付比例一般为 100% 或 60%。

（2）赴日医疗费用保险金

指若被保险人在等待期后因意外伤害以外的原因经保险人认可的医疗机构确诊首次患有恶性肿瘤，向保险人提出恶性肿瘤赴日本治疗书面申请，并经保险人授权的第三方服务商（以下简称“授权服务提供商”）安排的诊疗意见确认，可前往保险人认可的日本的医疗机构进行治疗的，保险人对被保险人在授权服务提供商安排在日本接受恶性肿瘤治疗期间，在经认可的日本的医疗机构发生的需个人支付的、必需且合理的医疗费用，按照合同的约定承担给付恶性肿瘤赴日医疗费用保险金。赴日医疗的赔付一般限额、限次数，且不是 100% 报销，赔付比例多为 70%。

4. 家庭保单

指被保险人的家庭成员若与被保险人同时参保，且投保人数在特定人数及以上时，可享受家庭费率。同时参保是指被保险人与其家庭成员一起同时投保相同的医疗险或保障计划，并按照约定支付保险费的过程。家庭费率一般低于单独投保的费率。投保人数一般要求在 3 人及以上，部分保险产品仅要求 2 人及以上。家庭成员仅指被保险人的父母或被保险人投保时具有合法婚姻关系的配偶及其子女，有的保险产品中也包含配偶的父母。

5. 责任延续

指若被保险人在保险期间内开始住院治疗，到保险期间届满住院仍未结束，且不再续保的，保险人将继续在合同约定的医疗保险金年度给付限额内承担给付保险金责任至住院结束。但有延续时长限制，一般最长不超过保险期间届满之日起第 30 天，也有部分保险延续至 60 天。除此之外，对于特定的重大疾病（如恶性肿瘤、25种标准重大疾病等），赔付责任的延续时间可能更长，至180天甚至1年。责任延续使得被保险人的利益得到更好的保障，照顾到保险期间届满前几日患病的被保险人。同时保险公司通过提供更全面的服务，提高产品竞争力。

6. 无理赔优惠

指若被保险人在一定时期内没有出险进行理赔，则保险公司会给予一定优惠措施。不同的医疗险产品的优惠措施有所不同。部分产品规定若被保险人在上一保险年度中无理赔，其续保时本年度无理赔优惠额为本年度保险金额的一定比例，保险公司将按该固定比例给付无理赔优惠金额，即在下一年度发生理赔时多给付一定金额赔款。也有产品规定在若干年内无理赔，则免赔额降低一定数额且可以累计。还有的保险产品规定在续保时，若前一年无理赔则赠送1年期额外的意外伤残身故责任保险金。

7. 增值服务

中端医疗险产品中一般含有一些增值服务项目，这些项目一般不在条款中列出，而是在宣传页或销售界面显示。医疗险独特的配套增值服务主要是保险公司凭借自身的综合实力，为消费者提供就医协助服务，以期被保险人拥有更好的医疗服务体验，也属于一项福利，可以吸引更多消费者购买。增值服务最主要的是绿色通道服务及补贴垫付服务。

（1）绿色通道服务

指为被保险人就诊及住院提供便利，使医疗服务更加便捷、质量更高。一般包括日常医疗咨询、门诊预约挂号、专家门诊、住院管家、手术安排、海外就诊安排等服务。

日常医疗咨询：指通过电话坐席在线为投保人提供个性化健康咨询和常见疾病咨询。其中坐席一般由主治医师及以上职称的医学专业人士组成。

门诊预约挂号：指根据客户就医需求，提供三级甲等医院的专家门诊（含特需门诊）预约挂号服务，包含常见疾病及重大疾病的相关专家门诊预约。

专家门诊：指当被保险人罹患重大疾病时，指导完成相关检查，根据自身临床病征并综合就诊时间、地点及医院专家等方面偏好，选择和预约医学专家为被保险人提供门诊医疗服务。或通过详细询问被保险人病史及病征，指导其收集各种必须的病情资料并将资料转交至国内相关医学专业的顶级专家，由专家出具书面意见供被保险人及其家属参考。除此之外有的医疗险产品还额外提供海外二次诊疗，指根据被保险人需求并结合患者所患疾病，匹配相关领域权威的国外专家进行二次诊断，并由国外专家出具专业二次诊疗报告。

住院管家：指为用户住院期间提供床位协调、出入院手续协办、住院探访等相关住院的问题咨询。

手术安排：指根据被保险人的疾病以及关于就诊时间、地点、医院等具体需求，综合医院资源情况，协助预约医院安排被保险人进行手术治疗。

海外就诊安排：一般只针对被诊断为重大疾病、出现罕见病或有特殊就医需求的被保险人。将根据被保险人症状，为其预约海外就医并制定最合适的海外就医方案，协助安排海外就医前、中、后的服务事宜。但该服务一般仅承担相应安排的服务费，海外就医的出行、治疗、生活及相关其他费用则由被保险人及其家属自行承担。

（2）补贴、垫付及直付服务

补贴及垫付服务主要是为缓解被保险人及其家属的资金压力，给予一定的补助或筹资时间。

异地专诊补贴：指当被保险人根据服务安排需到异地（离开常住地的城市）就诊时产生的合理且必要的交通费和住宿费，根据实际费用在约定限额内给予补贴。

医疗费用垫付 / 住院押金直付：指当被保险人患病住院时，由保险人在收到申请并核实后向该医院提供不高于约定的医疗费用担保或垫付、直付。垫付和直付的区别在于垫付不是理赔结论，只是一种融资服务，出院后还需走理赔流程；而直付是理赔结论，理赔前置，出院后保险公司直接与医院结算即可。

除此之外，某些医疗险产品还在此基础上涵盖某些特色服务，如家庭健康管理服务、术后家庭护理服务、肿瘤特药服务、外购药物服务等。

三、中端医疗保险产品展望

中端医疗险产品在近年发展迅速，百万医疗险甚至被冠名为“网红保险”，受到众多消费者的追捧。但中端医疗险产品市场仍相对不成熟，对于医疗险条款的设置也没有明确的标准，对于非专业的消费者来说多数都难以理解，需要行业内多方共同努力改善。

（一）建议规范重要医疗服务项目的定义，制定相应标准

医疗险保障范围内的医疗服务项目定义是投保人最关注的部分，但不同产品对同一医疗服务项目的定义有很大区别。比如护理费，有的险种没有给出任何释义，有的险种指明以相应医院的标准为准，还有的则表明遵医嘱选择相应护理等级。复杂、模糊、不明晰的医疗项目释义容易对消费者产生很大的误导，也可能会在理赔时产生一系列纠纷。制定相应标准定义医疗险涵盖的主要医疗服务项目，并统一应用于全部医疗险产品，能更好地规范医疗险产品，提高保险公司开发医疗险产品效率，同时也可以方便消费者对具体责任范围进行理解，有利于消费者合理选择，促进整个医疗险产品市场规范化发展。

（二）建议简化整体条款设置和计算方法，避免重复及过于专业的词汇

目前医疗险产品普遍条款数量繁多、设置复杂，对于赔付比例、免赔额及最终赔付金额的计算方法复杂难懂。这样的设计实际上将投保人置于了非常不利的地位，对非专业人士来说难以理解和计算清楚，给投保人的投保造成了很大的困难。保险人在制定合同条款时，除了保证其完整性外，更应该注重表达的简洁明了，用相对大众化的词汇取代专业词汇，对于必要的专业词汇也应该作明确的释义。而对于医疗险产品中最主要的赔付规则，应当列出明确的计算公式同时可配以具体例子帮助投保人理解。毕竟，保险产品最终是为了服务大多数为非专业人士的被保险人。

（三）建议将增值服务具体化、规范化、条款化，纳入保险合同中

额外的增值服务往往是某个医疗险产品的一个亮点。但这部分内容通常不会在条款中有直接体现，对于保险人来说其实是不正规的、缺乏约束的，而对于投保人来说则是缺乏保障的。增值服务能为被保险人提供更好的医疗服务，也属于保险人义务的一部分，应当将增值服务的内容进行规范，作为具体的条款写入保险合同中，既能以书面化形式明确服务内容，又更加规范化，也让投保人更加安心。

（四）探索下沉市场，提升全民保障意识

当前的百万医疗主要市场还是一二线城市，对于广大的下沉市场触及不深，下一步可以针对下沉市场，定制价格更加实惠，服务更贴切的医疗险产品，利用百万医疗这种轻量级的保险产品推动全民的保障意识。

分报告八
中国人身保险产品介绍

分报告八为中国各类人身保险产品介绍。此部分主要针对保险消费者，帮助其认识并了解错综复杂的保险产品，并从风险保障角度为其提供保险产品选择思路。

定期寿险

一、定期寿险介绍

定期寿险指被保险人在保险合同期间身故（或全残，若保单包含全残责任），则保险公司按照约定的金额赔偿保险金；若被保险人生存至保险期结束，且未发生保险事故，则保险合同终止，保险公司不再承担保险责任。

定期寿险是一种传统的消费型寿险，属于欧美国家最重要的保障型保险，具有价格低廉、保障水平高的高杠杆特性。

举例：

李先生30岁时购买了一份定期寿险产品（保单包含全残责任），保险期间20年，保额200万元，全残受益人为李先生，身故受益人为妻子李太太。在保险期间内李先生可能发生的情形以及保险公司对应承担的责任如下：

（一）李先生在保险期间内不幸全残，则保险公司向李先生给付全残保险金200万元；

（二）李先生在保险期间内不幸身故，则保险公司向李太太给付身故保险金200万元；

（三）李先生在保险期间内没有身故或全残，则保险合同终止，保险公司不再承担保险责任。

二、如何选择定期寿险

（一）为什么购买定期寿险

人的一生常伴着疾病和意外导致的身故威胁，然而生命的终止并不代表家庭财务支出的结束。一个有嗷嗷待哺孩子的父亲，一个没有多少存款却留下大量债务的家庭收入支柱，一个需要每月为双亲生活支付固定养老金的孝子……假如他们不幸离世，家庭将无以为继，所以寿险虽以死亡为赔偿条件，却体现了一个人对家庭的爱与责任。

定期寿险保费低、保障高、性价比高，体现了保险的初衷。如果想要得到一份简单而优质的寿险保障，纯消费型的定期寿险绝对是物美价廉的选择。

相对于保险期间通常为一年的意外伤害保险，定期寿险的保险期间一般较长，既承保因意外带来的身故或者全残，也承保因疾病导致的身故或全残。

（二）定期寿险的选择维度

表 1：定期寿险产品的选择维度表

选择维度		内容
适应人群	个人条件	财务支付责任重，支付能力一般
	个人需求	保障家庭财务安全
保障期限选择		尽量覆盖家庭财务支付责任期
保额酌定		被保险人年收入的 5 到 10 倍或者债务与抚养赡养义务支出之和

1. 适应人群

（1）保费负担能力有限人群

定期寿险高保额、低保费的高杠杆特征，适合保费负担能力有限的人群，在不影响家庭正常消费的情况下，花较少的钱换来一份高额的保障。

（2）家庭财务责任较重的人群

定期寿险是在被保险人身故或全残后，对家庭的一种财务保护手段。一是“有为谁花钱的责任，就对谁产生支付义务”，例如养育孩子、赡养老人的责任；二是有大额的债务，例如存在尚未偿还的高额房贷、车贷。

2. 保障期限选择

定期寿险保障期限的选择主要考虑一个问题，即需要为家庭承担多长时间的财务责任。定期寿险的保险期间应尽量覆盖财务责任期，多见于涵盖整个收入期，或者贷款偿还期。

3. 保额酌定

定期寿险的保额选择相对简单。定期寿险保障的是财务责任，可以简单分为债务责任和抚育子女、赡养父母的责任，根据自己的债务加上子女、父母未来的支出折现价值，可以大致算出所需保额。

较为简单的是，保额一般可以选择为被保险人年收入的五到十倍。

终身寿险

一、终身寿险介绍

终身寿险指被保险人在任何年龄身故（或全残，若保单包含全残责任），则保险公司按照约定的金额赔偿保险金。

终身寿险具有一定储蓄性，保单具有较高的现金价值。

举例：

李先生 42 岁时购买了一份终身寿险产品（保单包含全残责任），保险期间终身，保额 500 万元，全残受益人为李先生，身故受益人为妻子李太太。在保险期间内李先生可能发生的情形以及保险公司对应承担的责任如下：

（一）李先生在保险期间内不幸全残，则保险公司向李先生给付全残保险金 500 万元；

（二）李先生在保险期间内不幸身故，则保险公司向李太太给付身故保险金 500 万元。

二、如何选择终身寿险

（一）为什么购买终身寿险

人的一生常伴着疾病和意外导致的身故威胁，生命的终止并不代表家庭财务支出的结束。终身寿险非常适合上有老下有小的家庭支柱。此外，终身寿险具有较高的现金价值，具备一定的储蓄功能，也适合高收入家庭做现金流筹划。

终身寿险与定期寿险产品相比，同样的保额需要支付更高的保费，其保障杠杆率没有定期寿险高，但具有较高的现金价值，因此适合中高收入人群。

（二）终身寿险的选择维度

表 2：终身寿险产品的选择维度表

选择维度		内容
适应人群	个人条件	高净值或财务支付责任重
	个人需求	家庭财务安全，保障
时间选择		有支付能力时
保额酌定		个人年收入的 5 倍以上

1. 适应人群

（1）保费负担能力强的高净值人群

终身寿险属于确定给付型产品，高保额对应高保费，适合有高收入或高资产、保费支付能力强的人群，即高净值消费者。

（2）财务责任较重的人群

寿险的核心功能是保障财务安全，预防死亡导致的一系列财务风险的发生。为人子女，需要赡养老人；为人父母需要养育孩子；企业高管或合伙人，信守商业承诺履行债务……这些可能是很多人要面对的财务责任。终身寿险提供了与财务责任相对应的保障，如若意外发生，终身寿险的赔偿可以帮助被保险人继续履行财务责任。

（3）需要财富增值与现金流管理的人群

终身寿险不止提供高额的身故赔偿金，而且具有较高的现金价值，很多终身寿险还带有分红性质，长期持有，保额可以递增。

对于有子女的人而言，在购买终身寿险寻求保障的同时，也存下了一笔钱，可以在自己百年之后留给孩子；对于事业遇到财务挑战的人，利用终身寿险的现金价值，通过借款方式东山再起。

部分终身寿险可以作为养老储备。该类产品有年金转换条款，即客户在一定年龄后，可以将终身寿险较高的现金价值转换为养老金来满足自己的养老需求。

（4）身故保险金受益人的保护

《最高人民法院关于保险金能否作为被保险人遗产的批复》（1988 年 3 月 24 日）第一条内容为：根据我国保险法规有关条文规定的精神，人身保险金能否列入被保险人的遗产，取决于被保险人是否指定了受益人。指定了受益人的，被保险人死亡后，其人身保险金应付给受益人；未指定受益人的，被保险人死亡后，其人身保险金应作为遗产处理，可以用来清偿债务或者赔偿。

2. 保额酌定

一般来说，在购买寿险时，保额通常设置为被保险人年收入的五倍以上，同时要考虑是否可以覆盖未来家庭支出和债务。需要注意的是，保额越高，年交保费也越高，消费者切勿盲目追求高保额。若高额保费的支付影响到家庭正常的现金流开支，则背离了寻求财务保障的购保初衷。

重大疾病保险

一、重大疾病保险介绍

重大疾病保险指在保险合同期间，若被保险人罹患保险合同约定的重大疾病，并达到约定的疾病状态或者实施了约定的手术时，则保险公司按照约定的金额赔偿保险金。重大疾病保险简称重疾险。

举例：

李先生 30 岁时购买了一份重大疾病保险产品，保险期间 30 年，保额 30 万元，重疾受益人为李先生。在保险期间内李先生可能发生的情形以及保险公司对应承担的责任如下：

（1）李先生在保险期间内不幸罹患癌症（癌症责任包含在李先生购

买的重疾险合同中），则保险公司向李先生给付重大疾病保险金 30 万元。

（2）李先生在保险期间内没有罹患保险合同约定的重大疾病，则保险合同终止，保险公司不再承担保险责任。

二、重大疾病保险分类

重疾险产品相较于其他产品更为复杂，所以需要根据不同的标准，进行不同的分类。这里按照保险期间的不同将重疾险产品划分为终身型、定期型和消费型，具体详见表 3。

表 3：重大疾病保险分类表（按保险期间）

<table>
<tr><th></th><th></th><th>终身型</th><th>定期型</th><th>消费型</th></tr>
<tr><td rowspan="5">不同点</td><td>保险期间</td><td>终身</td><td>10 年、20 年、30 年等；或至一定年龄（如至 60 周岁或至 70 周岁等）</td><td>1 年</td></tr>
<tr><td>续保</td><td>保证费率</td><td>保证费率</td><td>不含保证续保</td></tr>
<tr><td>普遍</td><td rowspan="2">支付能力较强</td><td rowspan="2">支付能力适中</td><td rowspan="2">支付能力较弱</td></tr>
<tr><td>适合人群</td></tr>
<tr><td>价格</td><td>较高</td><td>适中</td><td>较低</td></tr>
<tr><td>相同点</td><td>疾病种类</td><td colspan="3">大多数产品首先包含 6 种必保重疾：恶性肿瘤，急性心肌梗塞，脑中风后遗症，重大器官移植，冠状动脉搭桥术和终末期肾病。其余则由保险公司自行配置，大多采用行业协会的重疾标准定义加上保险公司自己定义的疾病</td></tr>
</table>

若以其他标准分类，重疾险还可分为防癌险（按病种分类，保障病种只包含恶性肿瘤）、女性保险（按性别分类，被保险人必须为女性）、少

儿险（按年龄分类，被保险人必须为少儿）等。

三、如何选择重大疾病保险

（一）为什么购买重疾险

医疗手段可以挽救生命，却难以挽救家庭的经济。重疾险创始人马里优斯·巴纳德说："人们需要重疾保险的原因不仅是因为人们将会死亡，更是因为人们要活下去。"所以消费者购买重疾险是为了在被保险人身患重疾时为其提供经济保障。重疾通常有以下三个特征：首先，病情严重，危及生命，给正常的家庭生活造成影响。其次，治疗成本高。重疾险里所列疾病大部分可治或者说可以通过治疗使病情稳定，然而过高的医疗费用常常让患者财务艰难。除了治疗费用，重疾患者康复期内的费用、家庭成员照顾患者的隐形支出、营养品费用、护工等需求也会进一步加剧开销。再则，由于医保"先支出，再补偿"的原则以及可报销药品清单的限制，医保在重疾中的作用有限。最后，重疾可能会造成收入的中断。罹患重疾使患者丧失劳动能力，漫长的康复期也常常伴随着巨大的失业风险。罹患重大疾病使患者在承受身体和精神创伤外，还要承受经济重创。这正是消费者购买重疾险的主要目的：解决治疗费用和康复费用，以及弥补收入损失。

（二）重疾险的选择维度

重大疾病保险产品设计多样，产品更新速度越来越快。报告提供七个选择维度供消费者参考，具体详见表 4。

表 4：重疾险选择维度表

选择维度	具体内容
购买时间	健康风险伴随一生，应尽早购买： 1. 越早购买，保费越低 2. 越早够买，保障周期越长 3. 重疾发病率越来越年轻化 4. 年龄小、身体好，保险公司更容易受理
购买顺序	1. 先大人、后小孩 2. 先经济支柱、后家庭成员
期限选择	首选：终身型产品 若支付能力有限，建议购买一年期消费型产品过渡，待支付能力足够，选择合适的终身型产品
保额酌定	1.“双十”原则： 保费支出占年收入的 10% 保额是年收入的 10 倍 2. 理想保额为家庭年收入的 3 倍—5 倍及以上
病种数量	不要盲目认为覆盖病种越多越好
身故选择	如果本人承担较多的家庭财务责任，应该增加身故责任
多次赔付	经济条件允许的情况下，可以考虑多组多次赔付

1. 购买时间

什么时候购买重疾险最合适？我们的答案是在经济条件允许的情况下越早越好。一是健康风险伴随我们人的一生，区别只是发生率的高低。重疾发病越来越年轻化。这意味着年轻人罹患重疾的概率在增加，尽早购买一份重疾险来规避风险变得十分必要；二是越早购买保费越低，保险期间越长，对消费者而言产品性价比越高。三是在身体状况良好时购买，保险公司的承保程序相对简单，而当身体的某些指标不合格时，很可能带来保险公司的加费、拒保和除外等非标准化处理。

2. 购买顺序

重疾险的建议购买顺序为：先大人后小孩；先经济支柱后家庭成员。如果经济充裕，则最好为每个家庭成员购买一份重疾保障。在经济条件有限的情况下，先保障家庭经济支柱，以避免家庭遭受经济重创。

3. 期限选择

购买重疾险，优先推荐购买终身型重疾保险。究其原因，一是一年期的产品不包含保证续保。保证续保是指保险期满后，保险公司无条件按照原费率、原条款，不经过再次核保，对被保险人继续承保。终身型和定期重疾在保障期里都是保证费率，但一年期消费型重疾不能保证续保。二是定期产品可能在年老需要重疾险时，保单已经失效。消费者患病往往是在年纪较大时，年轻时购买定期重疾险，可能患病时已经过了保障期限。而到那个年龄，可能市面上没多少产品可以选择，或者由于身体情况下降，可能面临拒保。三是从财务角度分析，终身重疾专款专用。定期重疾险相对便宜，理想状态下，剩余的钱可以做投资管理，到老年时拥有一笔投资款。但实际上老年人对财务的控制能力降低，可能会挪用这笔非专属投资款，使自己失去保障。所以报告首先推荐终身型重疾险产品，但若支付能力有限，建议够买一年期消费型产品过渡，待支付能力足够时选择合适的终身型重疾险产品。

4. 保额酌定

应该购买多少保额的重疾险产品可以有效地防范风险？消费者可以参

照“双十原则”来决定，即保费支出占年收入的10%，保额是年收入的10倍。若以家庭为单位考虑，在家庭、个人财务信息不完整的情况下，推荐保额为家庭年收入的3—5倍。

5. 病种数量

重疾险是不是保障疾病数量越多越好？我们的答案是不一定。不要盲目依据病种数量来选择重疾险。从发生率来看，25种标准重疾已经占到重疾发生率的95%左右，额外再增加的病种对发生率影响不大。如果某产品因为保障病种数量多而保费高昂，则消费者应该慎重考虑。当然，在保费一定的情况下，保障疾病数量越多产品性价比越高。所以并不是越多越好，而是应该综合考量。

6. 身故选择

含身故的重疾险与不含身故的重疾险相比，后者较便宜。但就性价比来看，含身故的重疾产品适合家庭财务责任重、债务多（比如房贷车贷等）的消费者，也适合家庭主要收入人。而不含身故的重疾产品则适合对其他人没有太多支付责任的消费者，如单身者、家庭次要收入人或者无收入者。

7. 给付次数选择

从现有的重疾发生率来看，分组多次赔偿重疾作用有限。不过随着医学的进步，越来越多的重疾可能治愈，或大幅延长生存时间，这样分析患上另一种重疾的可能性也在增加。一次赔付型重疾险相对价格低，现在看性价比高；多次赔付的重疾险增加了保障范围，价格较贵，但未来有可能发挥更大作用。消费者应综合自己的经济条件和家族病史等情况，选择最适合的给付次数。

年金保险

一、年金保险介绍

年金保险产品是一种有储蓄投资功能的人寿保险，指投保人一次性或按期交纳保险费，保险公司以被保险人生存为条件，按照约定的时间和方式给付保险金，直至被保险人死亡或保险合同期满。

年金保险产品的功能有强制储蓄、教育规划、养老规划、平滑全生命周期收入和现金流管理等。

举例：

考虑到社保退休金不能完全满足自己的养老需求，李先生 40 岁时购买了一份年金产品，约定自 60 周岁开始领取，每月 3000 元，持续 25 年，年金受益人为李先生。假如李先生在此期间不幸离世，保险公司承诺将剩余应领未领的养老金一次性支付给他的指定受益人。

二、年金保险产品的分类

年金保险产品有多种分类方式，按照年金产品是否有分红，可以分为普通型年金和分红型年金，后者即是在前者的给付基础上增加了保险公司经营优于定价假设的分红。按照年金产品的保险功能，可以分为养老年金保险、儿童或教育年金和遗嘱年金等。按照年金产品是否有积累期，可将其分为即期年金和递延年金。即期年金的保费以趸交方式交纳，保费交纳后即可开始领取年金，无基金积累期；递延年金则是无论趸交还是分期交纳，从交纳保费开始到年金领取期间存在一个基金积累期。按照年金产品是否享受税收优惠政策，又可以将其分为税延年金和非税延年金。购买税延年金可在规定额度之内利用税前收入购买，在领取时再缴纳税收。

三、如何选择年金保险

（一）为什么购买年金保险

保险就是为了解决人生中不同人生阶段、不同风险需求和不同经济需求而产生，核心功能是将高收入期、收入期的钱，通过保险的安排，转移到无收入期、低收入期、集中支出期使用。比如说为了解决未来子女教育和自身养老等刚性财务需求，或者让消费者形成长期的稳定收入，同时也是为了养成消费者强制储蓄和定期储蓄的习惯，实现未来支出预先考虑、长期规划、专款专用的目的。在此过程中，消费者还可以享受资金长期累积复利带来的增值效益。

（二）年金保险的选择维度

1. 教育规划

父母为孩子投保教育金，产品应该符合年金领取时间集中在孩子 15—25 周岁，逐年发放，为子女未来的教育预先做好储备。应选择包含（或可以附加）投保人身故、全残豁免保险费的产品。

表 5：年金保险的选择维度表

<table>
<tr><th colspan="2">选择维度</th><th>内容</th></tr>
<tr><td rowspan="2">适应人群</td><td>个人条件</td><td>1. 有较好财务积累者
2. 短期收入高但不稳定者
3. “月光族”</td></tr>
<tr><td>个人需求</td><td>1. 保障家庭财务安全
2. 实现教育金、养老金筹划
3. 平滑收入和实现现金流管理</td></tr>
<tr><td colspan="2">保障期限选择</td><td>根据不同目的确定</td></tr>
<tr><td colspan="2">保额酌定</td><td>根据未来财务需求确定</td></tr>
</table>

2. 养老规划

消费者投保养老金，产品应该符合年金领取时间主要集中在被保险人 55 周岁后，领取时间不应低于 20 年，最好为终身产品，尽量选择按月领取。该类责任适合大多数人投保，收入不会贯穿我们一生，不过支出会时时伴随我们，养老是绝大多数人都会面临的挑战。我国已经进入老龄化社会，养老不能单纯地依靠政府和工作单位，商业养老保险是社会养老保险最有力的补充，也是品质养老最重要、最安全的筹划手段。

3. 平滑收入

对于特定职业人群，比如运动员、模特、网络红人等，其收入阶段性较强，并且难以长期保持高收入水平，在这种情况下选择快交快领的年金险产品，可以起到平滑全生命周期收入的作用。简单地说就是把高收入期的钱通过保险安排，转移到未来使用。

4. 现金流管理

人生总有起落，每一个人都不能保证收入一直持续，都不能保证企营辉煌永续，所以在高收入和高积蓄期需多做一些现金储备，一旦发生财务问题，可以依赖这些现金储备继续生活，这也是年金产品的功能之一。

5. 强制储蓄

我们大多数人都会有一个完美的财务计划，梦想自己的一生都有足够的资金使用，而其实绝大多数人最终都无法实现，最重要的原因就是无法克服“享受当下、忽视未来风险”的人性，就如同我们都知道自己会老，可是为了享受今天的生活，仍然会花光当前的收入。年金保险有一个非常重要的功能就是强制储蓄，借助一份保险合同，帮助我们为了一个远期的目标，做定时、定额储蓄，这也是年金保险最显著的特征之一。

（三）年金保险产品选择重点

1. 资金的流动性

年金产品的保障期限都非常长，很多都是终身产品，流动性较低。消费者如果短期内需要较大现金流，这类产品几乎发挥不了什么作用，所以购买这类保险产品的资金最好是家庭中长期不使用、中短期内对收益要求不高且没有具体使用目的的闲置资金。

2. 关注扣费比例

年金保险不是理财产品，保险公司的演示收益，一方面是保证不了的，另一方面它的演示利率针对的基础不是本金，而是保费扣除各种费用之后的净值，这与传统理财产品的年化收益率有较大区别，所以要重点关注保险公司的扣费比例。

3. 优先购买保障类产品

保障类产品和年金产品用途不一样，不能互相替代。应该优先购买足额的保障类产品，比如说定期寿险、重疾险，在拥有基本保障之后，再购买年金产品，以免占用保障类保险的购买费用。

4. 对账户收益有合理预期

在购买年金保险之前，消费者最好先计算内部收益率（IRR），如果收益率在能接受的范围内再进行购买。一般来说，年金保险产品的交费期越短，领取年金对比总保费越高，中档演示利率越高的产品 IRR 更高。

5. “月光族”应选择月交保费

月交保费是“月光族”通过保险产品实现强制储蓄的最重要的方法。每月的保费扣款日设计在工资发放日的第二天为宜。

万能保险

一、万能保险介绍

万能保险（简称万能险）是一种集保障功能与投资功能于一身的新型人寿保险。

万能险的基本功能是保障，在身故、全残等保险责任发生时进行赔付。同时它又具有投资的性质，保险公司为万能险提供万能账户，根据保险公司的投资收益定期结算万能账户价值。

万能险保费进入保险公司分为三部分：第一部分是保险公司收取的初始费用，包括保险公司运营费、代理人佣金、管理费等；第二部分是风险保费，是为获得保险合同提供的保障功能（比如说身故、全残等），定期扣除的保障成本；第三部分是扣除各项费用的余额，进入万能账户，由保险公司专门管理，并定期结算。部分保险公司也会每年或每月在万能账户余额中扣除很低的保单管理费。

根据原中国保监会2012年发布的《保险资产配置管理暂行办法》，万能险被纳入普通账户，万能险的资金运用范围和比例并无特别规定，只是需要服从于保险资金运用的整体性规定，基本规定详见表6。

表6：保险资金运用基本监管要求

类别	要求
权益类资产	合计不高于本公司上季末总资产的30%
不动产类资产	合计不高于本公司上季末总资产的30%
其他金融资产	合计不高于本公司上季末总资产的25%
境外资产	合计不高于本公司上季末总资产的15%
无担保非金融企业（公司）债券	合计不超过本公司上季末总资产的50%
单一具体投资品种	不高于本公司上季末总资产的5%（国债等除外）
单一法人主体	合计不高于本公司上季末总资产的20%（国债等除外）

万能险具备以下几个特征：

1. 交费灵活

消费者可以按照合同约定随时追加保费，也可以在规定范围内自由选择或者变更交费期。只要万能账户价值大于0，保单就一直有效。消费者在收入发生变化时可以缓交、停交保费，也可以随时追交保费。

2. 保额可调整

消费者可以在规定范围内选择或者变更万能险的基本保额，根据自身需求调整保额。在减少保额时，无须部分退保，不会产生退保费用。

3. 保单价值领取方便

消费者在支付约定的手续费后，可以随时全部或部分领取万能账户的价值（余额），来应对突发的资金需求，或者匹配子女教育和个人养老需求，相当于拥有了一个“万能的储备金”。

4. 费用清晰透明

在万能险的保险条款或利益演示表中详细列明了各项费用，包括初始费用、风险保险费、保单管理费、手续费和退保费用。

5. 提供保证利率

保险公司根据公司万能账户资产的实际投资状况，确定万能保险账户的结算利率，并对消费者承诺一个不可更改、不低于 0 的最低保证利率，确保消费者万能账户的持续增长。

二、如何选择万能保险

万能险适合拥有稳定收入、已有人身保险基本保障的消费者。利用万能险灵活的特点，消费者可以在收入不高但花费较高且家庭责任较重的年轻时期，选择万能险作为风险保障工具。随着年龄的增长，家庭责任降低或归零，则可以将万能险作为养老金使用。

万能险产品的选择重点在于以下几点：

（一）首要功能是保障

1. 定期寿险和终身寿险型万能险

万能险的保额等于风险保额加账户价值。不同于传统寿险收取的均衡保费，万能险风险保额对应的风险保费是按照自然费率定期从账户价值中扣除，自然费率随年龄增长而增长，前期费率低，后期费率高。对于固定保额的万能保险，如图1所示，在年轻时虽然账户价值较低，风险保额较高，但自然费率较低，因此风险保费不会太高；随着账户价值的累积，风险保额下降，虽然自然费率上升，但只要账户累积够快，风险保费甚至可能下降。因此万能险风险保额的变化非常适合低负担长期保障保险的规划。

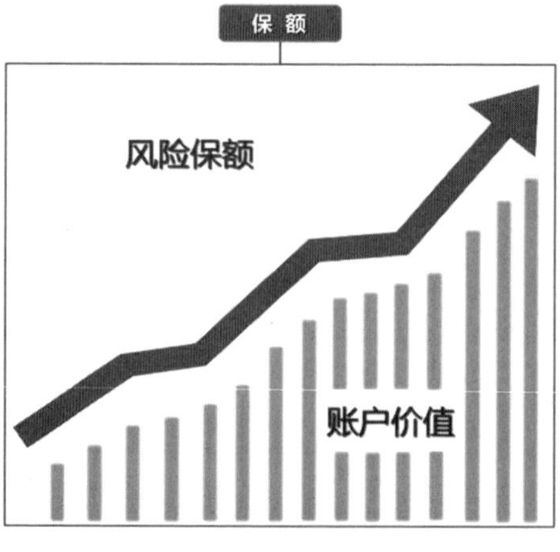

图1：万能保险风险保额与账户价值关系图

举例：

李先生为家庭收入支柱，年收入50万元，30岁时购买一份万能险产品，保额为 200 万元（风险保额 + 账户价值 =200 万元），每年期交和追加保费合计 5 万元，扣除保险公司各项费用后账户价值 4 万元，初始风险保额为 196 万元（200 万元—4 万元）。假定万能险账户价值在不断增长，李先生 50 岁时账户价值为 150 万元，风险保额变为 50 万元，那么他只需要支付 50 万元风险保额的风险保费。

2. 基础养老补充和品质养老型万能保险

万能险具有储蓄投资功能，其账户价值按照保险公司实际收益定期结算，收益保底，适合终身持有，可以作为基础养老金的补充和品质养老金的储备。消费者可以通过万能险使闲置资金保值增值，在有资金使用需求的时候，累计的账户价值可取出用于品质养老。但需要强调的是，万能险仅是作为基础养老的补充，如果家庭预算有限，基础养老保险产品才是首选。

（二）重点关注保证利率

万能险的实际收益与保险公司的投资业绩挂钩，收益具有不确定性，但提供的保证利率是强制最低结算利率，不随保险公司投资业绩的改变而改变，因此消费者应当重点关注，匹配自己的最低收益期望。需要注意的是，万能险合同约定的保证利率是年利率，但万能账户通常是按月度结算。

（三）长期持有，关注扣费与持有奖励

万能保险作为一种新型人身保险产品，适合匹配长期目标，比如说终身的身故保障和养老保障，这就需要对产品的长期持有。万能险设置灵活，消费者可根据消费需求或者投资需求，提前终止万能保险。但一般来说万

能险的初始费用较高，投保前几年还有较高的退保费用，因此前期收益累积较慢，若较早取出账户价值或退保会产生较大损失。只有长期持有万能险，其收益才能体现。消费者在选择的过程中，应该重点关注保险合同约定的扣费与奖励条款。

投资连结保险

一、投资连结保险介绍

投资连结保险，简称投连险，又称“变额寿险”，是指包含保险保障功能并至少在一个投资账户拥有一定资产价值的人身保险。简单讲就是一种具有“保障+投资”功能的新型保险产品。投连险的最大特点是身故保险金和现金价值是可变的。

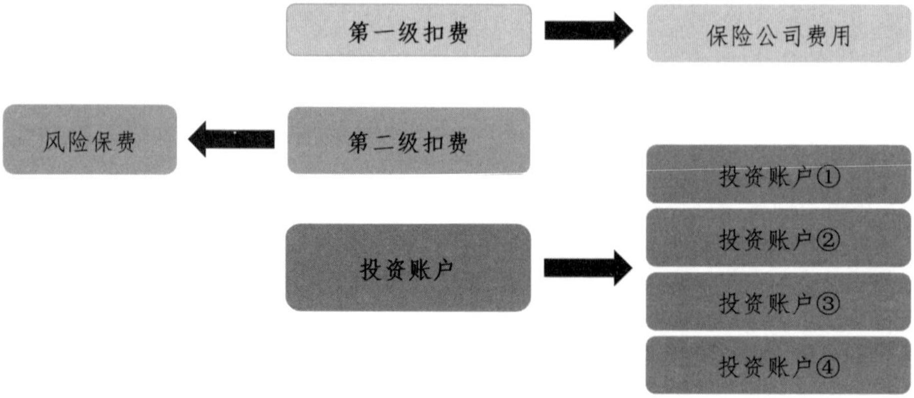

图 2：投连险保费分配图

如图 2 所示，投连险保费进入保险公司被分为三部分：第一部分是保险公司收取的初始费用，包括保险公司运营费、代理人佣金、管理费等；第二部分是风险保费，是为获得保险合同提供的保障功能（比如说身故、全残等）而定期扣除的保障成本；第三部分是扣除各项费用的余额进入投资账户，并按照客户的意愿和风险承受能力，可以投入该保险公司的一个或几个投资账户，这些投资账户类似于基金账户，由保险公司专门的投资团队运作管理,可能带来正收益,也有可能亏损,收益与亏损都由客户自负。

二、投资连结保险的特点

投资连结保险（简称“投连险”）具有如下特点：

1. 投连险由保险公司专业投资团队进行投资，投资工具和方法会比部分无投资经验的个人更加有效。相对于一般的基金管理公司，投连险账户赎回压力小，更利于长期投资配置。

2. 投连险属保险产品，在提供投资功能的同时提供保障功能，基金等投资产品不具备这样的功能。

3. 投连险各项费用明晰，同时缴费方式灵活、具有弹性，可以满足客户不同阶段的投资需求和保障需求。

4. 投连险产品一般都设有多个账户，客户可根据自己的投资需求变化自由转换不同类型的投资账户。投资标的有明确限制，风险可控。

5. 保险公司不保证收益，账户亏损的风险由客户自己承担。

6. 投连险有初始费用，减少了进入保单投资账户的保费。

7. 投连险不适合作为短期投资工具，更适合长线规划。

8. 一个投连险产品可以对应多个投资账户，同一投资账户也可被多个投连险产品使用。

三、如何选择投资连结保险

（一）为什么购买投资连结保险

投连险适合手中有一定闲置资金且具有一定风险承受能力和投资经验的中青年人士购买，并作为寿险或者养老金工具使用，进行现金流管理和长远的资金规划。

1. 长期定期寿险或终身寿险型投连险保障

不同于传统寿险收取的均衡保费，投连险的风险保费是按照自然费率定期从账户价值中扣除，自然保费随年龄增长而增长，前期费率低后期费率高。对于固定保额的投连险，在投保人年轻时虽然账户价值较低，风险保额较高，但自然费率较低，因此风险保费不会太高；随着账户价值的累计，风险保额下降，虽然自然费率上升，但只要账户累计够快，风险保费甚至可能下降。

2. 品质养老型投连险

养老保障分为基础养老和品质养老，基础养老保障基本的衣食住行需求，品质养老保障更高的生活质量需求。通过投连险，使闲置资金保值增值，待到有资金需求的时候，累计的账户价值可取出用于品质养老。需要注意的是，品质养老型投连险仅适合品质养老安排，不能挤占和替代基础养老金安排。

（二）投资连结保险产品选择重点

不同于其他传统型保障产品，投连险产品最重要的选择维度是收益率和扣费模式。消费者在选择投连险产品时，首先根据自己的风险偏好水平确定账户类型，然后在适合的账户类型中选择高收益同时波动相对较小的一系列账户，最后比较对应产品的扣费方式。

中端医疗保险

一、中端医疗保险产品介绍

医疗保险一般分为费用补偿型医疗保险和定额给付型医疗保险，其中费用补偿型医疗保险是根据被保险人实际发生的医疗、康复费用支出，按照约定的标准确定保险金数额的医疗保险。在当前市场上，医疗保险主要是社保补充医疗保险、中端医疗保险和高端医疗保险，其他医疗保险占比较小。其中以“百万医疗”为代表的中端医疗保险，近几年来受到普通消费者的青睐，在市场上迅速扩张。

社保补充医疗保险主要通过团险销售，个别通过个险销售的门诊补充，医疗保险保障范围和额度都有限；高端医疗保险保障额度和范围都相当丰富，覆盖许多私人医院和普通医院国际部，但价格昂贵；中端医疗保险，特别是“百万医疗”保险，以其保额高、保费低、针对性强的特点，从上市以来迅速成为“网红”保险，成为各家保险公司的必备产品。本调研报告主要对包含“百万医疗”的中端医疗保险（包含部分保额不到百万的住院费用医疗保险）进行介绍。

举例：

李先生在有社保的情况下购买了一份1年期的中端医疗保险，基本保额200万元，免赔额1万元，社保报销后支付的医疗费用赔付比例为100%。在合同保险期间，李先生不幸患病需住院治疗，在治疗过程中产生医疗费用100万元(医疗费用责任包含在李先生购买的中端医疗险合同中)，其中社保报销30万，保险公司赔付李先生（100−30−1）×100%=69万元，其中李先生只需自付1万元。中端医疗险补充了社会医疗保险报销的不足，大大减轻了李先生患病住院后的医疗费用压力。

二、如何选择中端医疗保险

（一）为什么购买中端医疗保险

随着人们生活水平的提高，健康问题受到越来越多的关注。而当前“排队长，看病难，看病贵”的医疗状况普遍存在，且医疗资源分布不均、地区发展不平衡，导致了大城市及大医院总是人满为患，而小城市及小医院总是被别人抱怨说医疗水平差，质量不好。在这种情况下，如何能在自身经济能力范围之内享受到更高质、更便捷的医疗则成为当代人的需求。

较全面的社会医疗保险部分解决了这方面需求，保障了人们的基本医疗需要。但是现今高质量、高水平医疗的费用均相对高昂且医疗通胀的增加使得曾经患病的人会明显感受到医保的报销只是杯水车薪。如表7所示可知，主要原因是医保有低于一定金额则需完全自付的起付线、赔付比例及报销上限，再加上是国家福利更强调低门槛、广覆盖，所以只能解决基本的医疗开支问题。中端医疗险跟国家基本医保相似却又有不同，基本医保限制医保目录用药和就医地域。而中端医疗不受限于社保用药、不因就医地域变化而导致报销比例不同，只要是符合合同约定、以治疗疾病为目的、合理且必须的医疗费用，不在免责条款内的，都在保障范围内。另外中端医疗基本都是住院险，只有住院和特定门诊能够报销，但是基本医保还包含门诊。对于商业医疗保险而言最需要解决的，就是如何能更无后顾之忧地进行治疗。目前无论从医院限制、社保药品限制，还是报销额度及比例限制，中端医疗已经能满足大多数人群的需求。

表 7：各类医疗产品比较表

	社保 / 企业补充医疗 / 一般补充医疗险	中端医疗	高端医疗
地域限制	社保缴纳城市 / 境内	境内	境内境外（含美）
医院限制	公立医院普通部	二级及以上医院普通部	无限制，扩展昂贵医院
报销比例	一定自付比例（数百至数千元的起付线）	有社保基本 100% 赔付（0 免赔 /1 万免赔）	100% 赔付（客户可自主选择自付比例）
报销额度	较低，重病时一般不能满足就医需求	较高，基本满足就医需求	非常高，完全满足就医需求
承保责任	住院和门诊	住院和有限制的门急诊	住院和门急诊，部分含生育和牙科等治疗
治疗手段及药品限制	限社保范围内	遵守合理且必须的限制，不受社保限制	遵守合理且必须的限制，不受社保限制

续表

价格	国家、企业补贴或附加在主险上，价格很低	价格亲民，多为500元左右	价格数千元至数万元
赔付方式	事后理赔	事后理赔	网络内医院直付

从表7中可以看出，社保等基础医疗限制较多，只能保障基本医疗需要；高端医疗险虽然就医限制少、医疗质量优但是价格高昂，远超普通家庭的可负担水平。中端医疗则相对适中，基本能满足医疗保障需要且价格亲民，更适合购买。

（二）中端医疗保险的选择维度

中端医疗保险产品多样，条款设计复杂、项目繁多，报告提供五个主要选择维度供消费者参考，详见表8。

表8：中端医疗保险选择维度表

选择维度	具体内容
购买人群	家庭预算有限：优先选择为家庭中的老人和小孩投保 家庭预算充足：投保家庭保单
责任选择	选择涵盖责任范围较广的产品： 1. 住院医疗、特殊门诊、住院前后门急诊、重大疾病及恶性肿瘤医疗保险责任 2. 女（男）性特定疾病、少儿特定疾病或老年特定疾病 3. 含特需病房、除外药品少
免赔选择	选择低免赔额和100%报销比例的产品
续保选择	选择“保证续保”产品或续保条件较宽松的产品
购买额度	1. 年保额100万元以上即可 2. 终身限额、重大疾病或恶性肿瘤保险金额高

1. 购买人群

优先选择为家庭中的老人和小孩投保医疗险。60 岁以上的老人和 0—6 岁的孩童发病率都较高，且患重病的可能性较大，基本医疗保障难以满足，极易加重家庭负担。相对来说，人在青年和中年时期身体健康条件较好，患重病的可能性较小，且此年龄段的人们一般都有社保医保，基本能满足医疗需要。所以在家庭预算有限的情况下可以优先选择为孩童和老人投保，在家庭预算较宽裕的情况下可以选择全家投保家庭保单，保障全家的医疗需要，家庭投保还可以享受家庭费率，在全面保障的同时价格也更加优惠。

2. 责任选择

选择覆盖范围较广的医疗险产品。医疗险保障的范围越广，越能使看病无后顾之忧。在选择时尽量选择全面涵盖住院医疗、特殊门诊、住院前后门急诊、重大疾病及恶性肿瘤医疗保险责任的产品。同时可以根据自身需要选择含有女（男）性特定疾病、少儿特定疾病或老年特定疾病的产品。除此之外，还要关注其医院范围和报销药品范围，尽量选择含有特需病房和除外药品少且赔付自购药和特效药的产品。

3. 免赔选择

优先选择低免赔额和 100% 报销比例的产品。免赔额越低、报销比例越高，获得的保障程度越高，消费者需要自付的金额越少。中国卫生部统计数据表明 2018 年 1—11 月，全国三级公立医院人均住院费用为 13378.2 元，二级公立医院人均住院费用为 6057.1 元。而市场上的中端医疗免赔额多数在 1 万元，癌症无免赔额，在此情况下能够赔付报销的可能性较小。

但市场中仍有部分产品免赔额为5000元甚至0免赔额，这些产品显然对消费者更有利，但此类产品一般保费较高，在700元左右。消费者可根据自身预算和需求进行选择。

4. 续保选择

在续保时，对医疗保障有较高要求的消费者尽量考虑“保证续保”产品。在保证续保期间，无论被保险人是否患病、身体是否出现任何问题，保险人都必须续保，这种保障对于被保险人来说显然更加有利。申请续保的产品每年都会进行重新审核，若某一年发生了理赔，则在最需要医疗保障的后一年则极有可能遭受拒绝续保，续保条件较严格，对被保险人来说较为不利。所以消费者在选择时尽量挑选续保条件宽松的医疗险产品。

5. 购买额度

选择保险金额在100万元以上的产品即可，但没有必要盲目追求高保额。因为中端医疗险产品为损失补偿性质的，保险金额仅是最高限额，具体赔偿多少还是以实际发生额为限。一年内患病住院等各项费用的最大支出有限，可以根据自身情况选择。但有的产品同时规定了终身限额、重大疾病或恶性肿瘤保险金额，若想长期持有该产品，尽量选择这两项限额高的产品。但若只想短期持有则没有必要盲目追求高保额。

保险条款常见术语说明

1. 保险责任

保险责任即保险合同中规定的保险公司应承担的责任和应保障的风险。

2. 投保年龄

投保年龄是购买保险产品的一道门槛，限制了被保险人投保的年龄。

3. 保险期间

保险期间是保险合同保障的时长，是计算保费的重要依据之一。

4. 交费方式

交费方式是指在保险合同中对投保人支付保险费次数和时间的约定。

5. 犹豫期

犹豫期是指合同签订后的一段时间，在这段时间内投保人可以无条件退保，保险公司退还保费。犹豫期的设置是为了减少投保人因考虑不充分、销售误导等导致的非理性投保。投保人在犹豫期退保，保险公司应退回除扣掉的不超过10元的成本费外的全部保费。犹豫期后退保，消费者仅得到约定的现金价值。

6. 等待期

等待期是保险公司的保护盾，在刚投保后的一段时间内如发生了要赔偿的事件，保险公司可以按照合同约定不赔付基本保额，但通常会退还已交保费，部分产品会退还现金价值，在等待期里，一般现金价值的金额比保费低很多。等待期的设置主要是为了规避带病投保等逆选择风险。

例如：

李先生给自己投保的重大疾病保险，等待期为90天，若投保后的第65天李先生因非意外原因罹患重大疾病，保险公司可以拒绝赔偿，退还已交保费。

等待期主要防止的是疾病赔偿，意外原因导致的赔偿没有等待期的限制。

7. 免责条款

免责条款是指保险公司依法或依据合同约定，不承担保险金赔偿或给付责任的风险范围或种类。简单来说，免责条款就是告诉消费者保险公司在什么情况下不赔付。免责条款大多采用列举的方式，即在保险条款中明文列出保险人不负赔偿责任的情形。

保险产品月度排行榜
（2018 年 10 月—2019 年 10 月）

保险产品 2018 年 10 月排行榜（综合榜）

序号	公司名称	产品名称	产品评级
定期寿险			
1	中信保诚	中信保诚「祯爱」优选定期寿险	★★★★★
2	平安人寿	平安大安定期寿险	★★★★★
3	平安人寿	平安小安定期寿险	★★★★★
4	渤海人寿	渤海人寿优选定期寿险	★★★★★
5	华夏人寿	华夏人寿爱相随定期寿险	★★★★★
终身寿险			
1	太平人寿	太平美好金生终身寿险	★★★★★
2	交银康联	交银康联交银私享三号终身寿险（传承版 A）	★★★★
3	华贵人寿	华贵守护 e 家终身寿险	★★★★
4	平安人寿	平安传福一生二号终身寿险	★★★★
5	中意人寿	中意鑫意传承终身寿险	★★★★
重疾定期型			

续表

序号	公司名称	产品名称	产品评级
1	渤海人寿	渤海人寿简单 i 重大疾病保险——定期（60 种）	★★★★★
2	阳光人寿	健康随 e 保重疾保障计划（2018 版）——定期	★★★★
3	瑞泰人寿	瑞泰瑞盈重大疾病保险组合计划——定期	★★★★
4	弘康人寿	弘康健康人生重大疾病保险 C 款——定期	★★★★
5	复星健康	达尔文一号重大疾病保险——定期	★★★★
		重疾终身含身故	
1	复星保德信	复星保德信星满意重大疾病保险	★★★★★
2	泰康养老	泰康养老健康有约保障计划 2018	★★★★
3	太平人寿	太平福禄康瑞终身重大疾病保险	★★★★
4	泰康人寿	泰康乐安心终身重大疾病保险	★★★★
5	阳光人寿	阳光 i 保终身重大疾病保险 Plus 版组合计划	★★★★
		重疾终身无身故	
1	渤海人寿	渤海人寿简单 i 重大疾病保险——终身（60 种）	★★★★★
2	复星健康	达尔文一号重大疾病保险——终身	★★★★★
3	阳光人寿	健康随 e 保重疾保障计划（2018 版）——终身	★★★★★
4	国华人寿	国华至尊保重大疾病保险	★★★★★
5	瑞泰人寿	瑞泰瑞盈重大疾病保险组合计划——终身	★★★★

保险产品 2018 年 10 月排行榜（价格榜）

序号	公司名称	产品名称	产品评级
		定期寿险	
1	中信保诚	中信保诚「祯爱」优选定期寿险	★★★★★
2	华夏人寿	华夏人寿爱相随定期寿险	★★★★★
3	北京人寿	北京人寿京彩年华定期寿险	★★★★★

续表

序号	公司名称	产品名称	产品评级
4	爱心人寿	爱心人寿爱心 i+ 定期寿险	★★★★★
5	国富人寿	国富人寿一世无忧定期寿险	★★★★★
终身寿险			
1	华贵人寿	华贵守护 e 家终身寿险	★★★★★
2	横琴人寿	横琴优爱宝终身寿险	★★★★
3	弘康人寿	弘康弘利相传终身寿险	★★★★
4	天安人寿	天安人寿天福一生（2017）终身寿险	★★★★
5	中意人寿	中意鑫意传承终身寿险	★★★★
重疾定期型			
1	渤海人寿	渤海人寿简单 i 重大疾病保险——定期（6 种）	★★★★★
2	弘康人寿	弘康健康人生重大疾病保险 C 款——定期	★★★★★
3	瑞泰人寿	瑞泰瑞盈重大疾病保险组合计划——定期	★★★★
4	昆仑健康	健康保重大疾病保险组合计划——定期	★★★★
5	昆仑健康	无忧保重大疾病保险——定期	★★★★
重疾终身含身故			
1	百年人寿	百年康多保终身重大疾病保险	★★★★
2	弘康人寿	哆啦 A 保重大疾病保险	★★★★
3	华夏人寿	华夏福（多倍版）重大疾病保险	★★★★
4	复星保德信	复星保德信星满意重大疾病保险	★★★★
5	恒大人寿	恒大万年青终身重大疾病保险	★★★★
重疾终身无身故			
1	渤海人寿	渤海人寿简单 i 重大疾病保险——终身（6 种）	★★★★★
2	百年人寿	百年康惠保重大疾病保险	★★★★★
3	弘康人寿	弘康健康人生重大疾病保险 C 款——终身	★★★★★

续表

序号	公司名称	产品名称	产品评级
4	国华人寿	国华至尊保重大疾病保险	★★★★★
5	复星健康	达尔文一号重大疾病保险——终身	★★★★

保险产品 2018 年 11 月排行榜（综合榜）

序号	公司名称	产品名称	产品评级
定期寿险			
1	中信保诚	中信保诚「祯爱」优选定期寿险	★★★★★
2	平安人寿	平安小安定期寿险	★★★★★
3	渤海人寿	渤海人寿优选定期寿险	★★★★★
4	华夏人寿	华夏人寿爱相随定期寿险	★★★★★
5	阳光人寿	阳光人寿 i 保定期寿险	★★★★★
终身寿险			
1	太平人寿	太平美好金生终身寿险	★★★★★
2	交银康联	交银康联交银私享三号终身寿险（传承版 A）	★★★★
3	华贵人寿	华贵守护 e 家终身寿险	★★★★
4	平安人寿	平安传福一生二号终身寿险	★★★★
5	中意人寿	中意鑫意传承终身寿险	★★★★
重疾定期型			
1	渤海人寿	渤海人寿简单 i 重大疾病保险——定期（60 种）	★★★★★
2	阳光人寿	健康随 e 保重疾保障计划（2018 版）——定期	★★★★
3	瑞泰人寿	瑞泰瑞盈重大疾病保险组合计划——定期	★★★★
4	信美人寿	信美相互 i 健康多元保疾病保险——含中症轻症——定期	★★★★
5	复星健康	达尔文一号重大疾病保险——定期	★★★★

续表

序号	公司名称	产品名称	产品评级
重疾终身含身故			
1	复星保德信	复星保德信星满意重大疾病保险	★★★★★
2	泰康养老	泰康养老健康有约保障计划 2018	★★★★
3	泰康人寿	泰康乐安心终身重大疾病保险	★★★★
4	太平人寿	太平福禄康瑞终身重大疾病保险	★★★★
5	阳光人寿	阳光 i 保终身重大疾病保险 Plus 版组合计划	★★★★
重疾终身无身故			
1	渤海人寿	渤海人寿简单 i 重大疾病保险——终身（60 种）	★★★★★
2	复星健康	达尔文一号重大疾病保险——终身	★★★★★
3	国华人寿	国华至尊保重大疾病保险	★★★★
4	阳光人寿	健康随 e 保重疾保障计划（2018 版）——终身	★★★★
5	国华人寿	国华华瑞国民终身重大疾病保险 C 款——增加轻症豁免款	★★★★

保险产品 2018 年 11 月排行榜（价格榜）

序号	公司名称	产品名称	产品评级
定期寿险			
1	中信保诚	中信保诚「祯爱」优选定期寿险	★★★★★
2	华夏人寿	华夏人寿爱相随定期寿险	★★★★★
3	中韩人寿	中韩爱如山优选定期寿险	★★★★★
4	北京人寿	北京人寿京彩年华定期寿险	★★★★★
5	爱心人寿	爱心人寿爱心 i+ 定期寿险	★★★★★
终身寿险			

续表

序号	公司名称	产品名称	产品评级
1	华贵人寿	华贵守护 e 家终身寿险	★★★★★
2	横琴人寿	横琴优爱宝终身寿险	★★★★
3	弘康人寿	弘康弘利相传终身寿险	★★★★
4	天安人寿	天安人寿天福一生（2017）终身寿险	★★★★
5	中意人寿	中意鑫意传承终身寿险	★★★★
重疾定期型			
1	渤海人寿	渤海人寿简单 i 重大疾病保险——定期（6 种）	★★★★★
2	信美人寿	信美相互 i 健康多元保疾病保险（基本款）——定期	★★★★★
3	弘康人寿	弘康健康人生重大疾病保险 C 款——定期	★★★★★
4	瑞泰人寿	瑞泰瑞盈重大疾病保险组合计划——定期	★★★★★
5	昆仑健康	健康保重大疾病保险组合计划——定期	★★★★★
重疾终身含身故			
1	百年人寿	百年康多保终身重大疾病保险	★★★★★
2	弘康人寿	哆啦 A 保重大疾病保险	★★★★★
3	华夏人寿	华夏福（多倍版）重大疾病保险	★★★★★
4	复星保德信	复星保德信星满意重大疾病保险	★★★★★
5	恒大人寿	恒大万年青终身重大疾病保险	★★★★★
重疾终身无身故			
1	渤海人寿	渤海人寿简单 i 重大疾病保险——终身（6 种）	★★★★★
2	百年人寿	百年康惠保重大疾病保险	★★★★★
3	弘康人寿	弘康健康人生重大疾病保险 C 款——终身	★★★★★
4	国华人寿	国华至尊保重大疾病保险	★★★★★
5	信美人寿	信美相互 i 健康多元保疾病保险——基本款终身	★★★★★

保险产品2018年12月排行榜（综合榜）

序号	公司名称	产品名称	产品评级
定期寿险			
1	中信保诚	中信保诚「祯爱」优选定期寿险	★★★★★
2	华贵人寿	华贵大麦定期寿险	★★★★★
3	平安人寿	平安小安定期寿险	★★★★
4	渤海人寿	渤海人寿优选定期寿险	★★★★
5	华夏人寿	华夏人寿爱相随定期寿险	★★★★
终身寿险			
1	太平人寿	太平美好金生终身寿险	★★★★★
2	交银康联	交银康联交银私享三号终身寿险（传承版A）	★★★★
3	华贵人寿	华贵守护e家终身寿险	★★★★
4	平安人寿	平安传福一生二号终身寿险	★★★★
5	中意人寿	中意鑫意传承终身寿险	★★★★
重疾定期型			
1	渤海人寿	渤海人寿简单i重大疾病保险——定期（60种）	★★★★★
2	阳光人寿	健康随e保重疾保障计划（2018版）——定期	★★★★
3	瑞泰人寿	瑞泰瑞盈重大疾病保险组合计划——定期	★★★★
4	信美人寿	信美相互i健康多元保疾病保险——含中症轻症——定期	★★★★
5	复星健康	达尔文一号重大疾病保险——定期	★★★★
重疾终身含身故			
1	复星保德信	复星保德信星满意重大疾病保险	★★★★★
2	泰康养老	泰康养老健康有约保障计划2018	★★★★
3	泰康人寿	泰康安心终身重大疾病保险	★★★★

续表

序号	公司名称	产品名称	产品评级
4	太平人寿	太平人寿福禄康瑞终身重大疾病保险	★★★★
5	阳关人寿	阳光 i 保终身重大疾病保险 Plus 版组合计划	★★★★
重疾终身无身故			
1	渤海人寿	渤海人寿简单 i 重大疾病保险——终身（60 种）	★★★★★
2	复星健康	达尔文一号重大疾病保险——终身	★★★★★
3	国华人寿	国华至尊保重大疾病保险	★★★★
4	阳光人寿	健康随 e 保重疾保障计划（2018 版）——终身	★★★★
5	国华人寿	国华华瑞国民终身重大疾病保险 C 款——增加轻症豁免款	★★★★

保险产品 2018 年 12 月排行榜（价格榜）

序号	公司名称	产品名称	产品评级
定期寿险			
1	华贵人寿	华贵大麦定期寿险	★★★★★
2	中信保诚	中信保诚「祯爱」优选定期寿险	★★★★★
3	华夏人寿	华夏人寿爱相随定期寿险	★★★★
4	中韩人寿	中韩爱如山优选定期寿险	★★★★
5	北京人寿	北京人寿京彩年华定期寿险	★★★★
终身寿险			
1	华贵人寿	华贵守护 e 家终身寿险	★★★★★
2	北大方正	如意终身寿险 A 款	★★★★
3	横琴人寿	横琴优爱宝终身寿险	★★★★
4	弘康人寿	弘康弘利相传终身寿险	★★★★
5	天安人寿	天安人寿天福一生（2017）终身寿险	★★★★

续表

序号	公司名称	产品名称	产品评级
重疾定期型			
1	渤海人寿	渤海人寿简单 i 重大疾病保险——定期（6种）	★★★★★
2	信美人寿	信美相互 i 健康多元保疾病保险——基本款——定期	★★★★★
3	弘康人寿	弘康健康人生重大疾病保险 C 款——定期	★★★★★
4	瑞泰人寿	瑞泰瑞盈重大疾病保险组合计划——定期	★★★★
5	昆仑健康	健康保重大疾病保险组合计划——定期	★★★★
重疾终身含身故			
1	百年人寿	百年康多保终身重大疾病保险	★★★★★
2	百年人寿	守卫者 1 号——终身	★★★★★
3	弘康人寿	哆啦 A 保重大疾病保险	★★★★
4	华夏人寿	华夏福（多倍版）重大疾病保险	★★★★
5	复星保德信	复星保德信星满意重大疾病保险	★★★★
重疾终身无身故			
1	渤海人寿	渤海人寿简单 i 重大疾病保险——终身（6种）	★★★★★
2	百年人寿	百年康惠保重大疾病保险	★★★★★
3	弘康人寿	弘康健康人生重大疾病保险 C 款——终身	★★★★★
4	国华人寿	国华至尊保重大疾病保险	★★★★★
5	信美人寿	信美相互 i 健康多元保疾病保险——基本款终身	★★★★★

保险产品 2019 年 1 月排行榜（综合榜）

序号	公司名称	产品名称	产品评级
定期寿险			
1	太保寿险	爱相守定期寿险	★★★★★

续表

序号	公司名称	产品名称	产品评级
2	中信保诚	中信保诚「祯爱」优选定期寿险	★★★★★
3	爱心人寿	爱心人寿守护神定期寿险	★★★★★
4	华贵人寿	华贵大麦定期寿险	★★★★★
5	平安人寿	平安小安定期寿险	★★★★
终身寿险			
1	太平人寿	太平美好金生终身寿险	★★★★★
2	太保寿险	长相伴A款终身寿险	★★★★
3	交银康联	交银康联交银私享三号终身寿险（传承版A）	★★★★
4	华贵人寿	华贵守护e家终身寿险	★★★★
5	平安人寿	平安传福一生二号终身寿险	★★★★
重疾定期型			
1	渤海人寿	渤海人寿简单i重大疾病保险——定期（60种）	★★★★★
2	阳光人寿	健康随e保重疾保障计划（2018版）——定期	★★★★
3	瑞泰人寿	瑞泰瑞盈重大疾病保险组合计划——定期	★★★★
4	信美人寿	信美相互i健康多元保疾病保险——含中症轻症——定期	★★★★
5	复星健康	达尔文一号重大疾病保险——定期	★★★★
重疾终身含身故			
1	复星保德信	复星保德信星满意重大疾病保险	★★★★★
2	泰康养老	泰康养老健康有约保障计划2018	★★★★
3	泰康人寿	泰康乐安心终身重大疾病保险	★★★★
4	太平人寿	太平福禄康瑞终身重大疾病保险	★★★★
5	阳光人寿	阳光i保终身重大疾病保险Plus版组合计划	★★★★
重疾终身无身故			

续表

序号	公司名称	产品名称	产品评级
1	渤海人寿	渤海人寿简单 i 重大疾病保险——终身（60 种）	★★★★★
2	复星健康	达尔文一号重大疾病保险——终身	★★★★★
3	国华人寿	国华至尊保重大疾病保险	★★★★
4	阳光人寿	健康随 e 保重疾保障计划（2018 版）——终身	★★★★
5	国华人寿	国华华瑞国民终身重大疾病保险 C 款——增加轻症豁免款	★★★★

保险产品 2019 年 1 月排行榜（价格榜）

序号	公司名称	产品名称	产品评级
定期寿险			
1	华贵人寿	华贵大麦定期寿险	★★★★★
2	爱心人寿	爱心人寿守护神定期寿险	★★★★★
3	中信保诚	中信保诚「祯爱」优选定期寿险	★★★★★
4	太保寿险	爱相守定期寿险	★★★★★
5	华夏人寿	华夏爱相随定期寿险	★★★★
终身寿险			
1	华贵人寿	华贵守护 e 家终身寿险	★★★★★
2	横琴人寿	横琴优爱宝终身寿险	★★★★
3	弘康人寿	弘康弘利相传终身寿险	★★★★
4	天安人寿	天安人寿天福一生（2017）终身寿险	★★★★
5	中意人寿	中意鑫意传承终身寿险	★★★★
重疾定期型			
1	渤海人寿	渤海人寿简单 i 重大疾病保险——定期（6 种）	★★★★★

续表

序号	公司名称	产品名称	产品评级
2	信美人寿	信美相互 i 健康多元保疾病保险（基本款）——定期	★★★★★
3	弘康人寿	弘康健康人生重大疾病保险 C 款——定期	★★★★★
4	瑞泰人寿	瑞泰瑞盈重大疾病保险组合计划——定期	★★★★
5	昆仑健康	健康保重大疾病保险组合计划——定期	★★★★
重疾终身含身故			
1	百年人寿	百年康多保终身重大疾病保险	★★★★
2	百年人寿	守卫者 1 号——终身	★★★★
3	弘康人寿	哆啦 A 保重大疾病保险	★★★★
4	华夏人寿	华夏福（多倍版）重大疾病保险	★★★★
5	复星保德信	复星保德信星满意重大疾病保险	★★★★
重疾终身无身故			
1	百年人寿	百年康惠保重大疾病保险	★★★★★
2	渤海人寿	渤海人寿简单 i 重大疾病保险——终身（25 种）	★★★★★
3	弘康人寿	弘康健康人生重大疾病保险 C 款——终身	★★★★★
4	国华人寿	国华至尊保重大疾病保险	★★★★★
5	信美人寿	信美相互 i 健康多元保疾病保险——基本款终身	★★★★★

保险产品 2019 年 2 月排行榜（综合榜）

序号	公司名称	产品名称	产品评级
定期寿险			
1	太保寿险	爱相守定期寿险	★★★★★
2	中信保诚	中信保诚「祯爱」优选定期寿险	★★★★★
3	爱心人寿	爱心人寿守护神定期寿险	★★★★★

续表

序号	公司名称	产品名称	产品评级
4	华贵人寿	华贵大麦定期寿险	★★★★★
5	弘康人寿	弘康大白智能定期寿险	★★★★
终身寿险			
1	太平人寿	太平美好金生终身寿险	★★★★★
2	太保寿险	长相伴 A 款终身寿险	★★★★
3	交银康联	交银康联交银私享三号终身寿险（传承版 A）	★★★★
4	华贵人寿	华贵守护 e 家终身寿险	★★★★
5	平安人寿	平安传福一生二号终身寿险	★★★★
重疾定期型			
1	渤海人寿	渤海人寿简单 i 重大疾病保险——定期（60 种）	★★★★★
2	海保人寿	海保人寿大金刚 C 款重大疾病保险——定期	★★★★
3	阳光人寿	健康随 e 保重疾保障计划（2018 版）——定期	★★★★
4	瑞泰人寿	瑞泰瑞盈重大疾病保险组合计划——定期	★★★★
5	信美人寿	信美相互 i 健康多元保疾病保险——含中症轻症——定期	★★★★
重疾终身含身故			
1	复星保德信	复星保德信星满意重大疾病保险	★★★★★
2	泰康养老	泰康养老健康有约保障计划 2018	★★★★
3	泰康人寿	泰康乐安心终身重大疾病保险	★★★★
4	太平人寿	太平福禄康瑞终身重大疾病保险	★★★★
5	阳光人寿	阳光 i 保终身重大疾病保险 Plus 版组合计划	★★★★
重疾终身无身故			
1	渤海人寿	渤海人寿简单 i 重大疾病保险——终身（60 种）	★★★★★
2	复星健康	达尔文一号重大疾病保险——终身	★★★★★

续表

序号	公司名称	产品名称	产品评级
3	海保人寿	海保人寿大金刚 C 款重大疾病保险——终身	★★★★
4	国华人寿	国华至尊保重大疾病保险	★★★★
5	阳光人寿	健康随 e 保重疾保障计划（2018 版）——终身	★★★★

保险产品 2019 年 2 月排行榜（价格榜）

序号	公司名称	产品名称	产品评级
定期寿险			
1	弘康人寿	弘康大白智能定期寿险	★★★★★
2	华贵人寿	华贵大麦定期寿险	★★★★★
3	爱心人寿	爱心人寿守护神定期寿险	★★★★★
4	中信保诚	中信保诚「祯爱」优选定期寿险	★★★★★
5	太保寿险	爱相守定期寿险	★★★★★
终身寿险			
1	华贵人寿	华贵守护 e 家终身寿险	★★★★★
2	横琴人寿	横琴优爱宝终身寿险	★★★★
3	弘康人寿	弘康弘利相传终身寿险	★★★★
4	天安人寿	天安人寿天福一生（2017）终身寿险	★★★★
5	中意人寿	中意鑫意传承终身寿险	★★★★
重疾定期型			
1	渤海人寿	渤海人寿简单 i 重大疾病保险——定期（60 种）	★★★★★
2	海保人寿	海保人寿大金刚 C 款重大疾病保险——定期	★★★★★
3	信美人寿	信美相互 i 健康多元保疾病保险（基本款）——定期	★★★★★
4	弘康人寿	弘康健康人生重大疾病保险 C 款——定期	★★★★★

续表

序号	公司名称	产品名称	产品评级
5	瑞泰人寿	瑞泰瑞盈重大疾病保险组合计划——定期	★★★★
重疾终身含身故			
1	百年人寿	百年康多保终身重大疾病保险	★★★★
2	弘康人寿	哆啦 A 保重大疾病保险	★★★★
3	华夏人寿	华夏福（多倍版）重大疾病保险	★★★★
4	复星保德信	复星保德信星满意重大疾病保险	★★★★
5	恒大人寿	恒大万年青终身重大疾病保险	★★★★
重疾终身无身故			
1	渤海人寿	渤海人寿简单 i 重大疾病保险——终身（6 种）	★★★★★
2	海保人寿	海保人寿大金刚 C 款重大疾病保险——终身	★★★★★
3	百年人寿	百年康惠保重大疾病保险	★★★★★
4	弘康人寿	弘康健康人生重大疾病保险 C 款——终身	★★★★★
5	国华人寿	国华至尊保重大疾病保险	★★★★★

保险产品 2019 年 3 月排行榜（综合榜）

序号	公司名称	产品名称	产品评级
定期寿险			
1	太保寿险	爱相守定期寿险	★★★★★
2	中信保诚	中信保诚「祯爱」优选定期寿险	★★★★★
3	爱心人寿	爱心人寿守护神定期寿险	★★★★★
4	华贵人寿	华贵大麦定期寿险	★★★★★
5	平安人寿	平安小安定期寿险	★★★★
终身寿险			

续表

序号	公司名称	产品名称	产品评级
1	太保寿险	长相伴 A 款终身寿险	★★★★★
2	太平人寿	太平美好金生终身寿险	★★★★★
3	交银康联	交银康联交银私享三号终身寿险（传承版 A）	★★★★
4	华贵人寿	华贵守护 e 家终身寿险	★★★★
5	国寿股份	国寿盛世传家终身寿险	★★★★
重疾定期型			
1	渤海人寿	渤海人寿简单 i 重大疾病保险——定期（60 种）	★★★★★
2	海保人寿	海保人寿大金刚 C 款重大疾病保险——定期	★★★★★
3	阳光人寿	健康随 e 保重疾保障计划（2018 版）——定期	★★★★
4	信美人寿	信美相互 i 健康多元保疾病保险（基本款）——定期	★★★★
5	瑞泰人寿	瑞泰瑞盈重大疾病保险组合计划——定期	★★★★
重疾终身含身故			
1	复星保德信	复星保德信星满意重大疾病保险	★★★★
2	泰康人寿	泰康乐安心终身重大疾病保险	★★★★
3	太平人寿	太平福禄康瑞终身重大疾病保险	★★★★
4	阳光人寿	阳光 i 保终身重大疾病保险 Plus 版组合计划	★★★★
5	工银安盛	工银安盛人寿御享人生重大疾病保险	★★★★
重疾终身无身故			
1	复星保德信	复星保德信星悦重大疾病保险基础计划	★★★★★
2	渤海人寿	渤海人寿简单 i 重大疾病保险——终身（60 种）	★★★★★
3	海保人寿	海保人寿大金刚 C 款重大疾病保险——终身	★★★★★
4	国华人寿	国华至尊保重大疾病保险	★★★★★
5	阳光人寿	健康随 e 保重疾保障计划（2018 版）——终身	★★★★★

保险产品2019年3月排行榜（价格榜）

序号	公司名称	产品名称	产品评级
定期寿险			
1	弘康人寿	弘康大白智能定期寿险	★★★★★
2	华贵人寿	华贵大麦定期寿险	★★★★★
3	爱心人寿	爱心人寿守护神定期寿险	★★★★★
4	中信保诚	中信保诚「祯爱」优选定期寿险	★★★★★
5	太保寿险	爱相守定期寿险	★★★★★
终身寿险			
1	华贵人寿	华贵守护 e 家终身寿险	★★★★★
2	横琴人寿	横琴优爱宝终身寿险	★★★★
3	弘康人寿	弘康弘利相传终身寿险	★★★★
4	天安人寿	天安人寿天福一生（2017）终身寿险	★★★★
5	中意人寿	中意鑫意传承终身寿险	★★★★
重疾定期型			
1	渤海人寿	渤海人寿简单 i 重大疾病保险——定期（60种）	★★★★★
2	海保人寿	海保人寿大金刚 C 款重大疾病保险——定期	★★★★★
3	信美人寿	信美相互 i 健康多元保疾病保险（基本款）——定期	★★★★★
4	弘康人寿	弘康健康人生重大疾病保险 C 款——定期	★★★★★
5	瑞泰人寿	瑞泰瑞盈重大疾病保险组合计划——定期	★★★★
重疾终身含身故			
1	百年人寿	百年康多保终身重大疾病保险	★★★★
2	弘康人寿	哆啦 A 保重大疾病保险	★★★★
3	华夏人寿	华夏福（多倍版）重大疾病保险	★★★★

续表

序号	公司名称	产品名称	产品评级
4	复星保德信	复星保德信星满意重大疾病保险	★★★★
5	恒大人寿	恒大万年青终身重大疾病保险	★★★★
		重疾终身无身故	
1	复星保德信	复星保德信星悦重大疾病保险基础计划	★★★★★
2	渤海人寿	渤海人寿简单 i 重大疾病保险——终身（6 种）	★★★★★
3	海保人寿	海保人寿大金刚 C 款重大疾病保险——终身	★★★★★
4	百年人寿	百年康惠保重大疾病保险	★★★★★
5	弘康人寿	弘康健康人生重大疾病保险 C 款——终身	★★★★★

保险产品 2019 年 4 月排行榜（综合榜）

序号	公司名称	产品名称	产品评级
		定期寿险	
1	太保寿险	爱相守定期寿险	★★★★★
2	中信保诚	中信保诚「祯爱」优选定期寿险	★★★★★
3	爱心人寿	爱心人寿守护神定期寿险	★★★★★
4	华贵人寿	华贵大麦定期寿险	★★★★★
5	弘康人寿	弘康大白智能定期寿险	★★★★
		终身寿险	
1	太保寿险	长相伴 A 款终身寿险	★★★★★
2	交银康联	交银康联交银私享三号终身寿险（传承版 A）	★★★★
3	太平人寿	太平美好金生终身寿险	★★★★
4	华贵人寿	华贵守护 e 家终身寿险	★★★★
5	同方全球	同方全球「传世尊享」终身寿险	★★★★

续表

序号	公司名称	产品名称	产品评级
重疾定期型			
1	海保人寿	海保人寿大金刚C款重大疾病保险——定期	★★★★
2	招商仁和	招商仁和仁爱相伴重大疾病保险（含轻症）——定期	★★★★
3	阳光人寿	健康随e保重疾保障计划（2018版）——定期	★★★★
4	信美人寿	信美相互i健康多元保疾病保险（基本款）——定期	★★★★
5	瑞泰人寿	瑞泰瑞盈重大疾病保险组合计划——定期	★★★
重疾终身含身故			
1	信泰人寿	信泰完美人生守护重大疾病保险	★★★★★
2	复星保德信	复星保德信星满意重大疾病保险	★★★★
3	阳光人寿	阳光i保终身重大疾病保险Plus版组合计划	★★★★
4	泰康人寿	泰康乐安心终身重大疾病保险	★★★★
5	泰康养老	泰康养老健康有约保障计划2018	★★★★
重疾终身无身故			
1	复星保德信	复星保德信星悦重大疾病保险基础计划	★★★★★
2	海保人寿	海保人寿大金刚C款重大疾病保险——终身	★★★★★
3	国华人寿	国华至尊保重大疾病保险	★★★★★
4	阳光人寿	健康随e保重疾保障计划（2018版）——终身	★★★★
5	复星健康	达尔文一号重大疾病保险——终身	★★★★

保险产品2019年4月排行榜（价格榜）

序号	公司名称	产品名称	产品评级
定期寿险			
1	华贵人寿	华贵大麦定期寿险	★★★★★

续表

序号	公司名称	产品名称	产品评级
2	弘康人寿	弘康大白智能定期寿险	★★★★★
3	爱心人寿	爱心人寿守护神定期寿险	★★★★★
4	中信保诚	中信保诚「祯爱」优选定期寿险	★★★★★
5	太保寿险	爱相守定期寿险	★★★★★
终身寿险			
1	华贵人寿	华贵守护 e 家终身寿险	★★★★★
2	同方全球	同方全球「传世尊享」终身寿险	★★★★★
3	横琴人寿	横琴优爱宝终身寿险	★★★★
4	弘康人寿	弘康弘利相传终身寿险	★★★★
5	天安人寿	天安人寿天福一生（2017）终身寿险	★★★★
重疾定期型			
1	海保人寿	海保人寿大金刚 C 款重大疾病保险——定期	★★★★★
2	信美人寿	信美相互 i 健康多元保疾病保险（基本款）——定期	★★★★★
3	弘康人寿	弘康健康人生重大疾病保险 C 款——定期	★★★★★
4	招商仁和	招商仁和仁爱相伴重大疾病保险（含轻症）——定期	★★★★★
5	瑞泰人寿	瑞泰瑞盈重大疾病保险组合计划——定期	★★★★
重疾终身含身故			
1	信泰人寿	信泰完美人生守护重大疾病保险	★★★★★
2	百年人寿	百年康多保终身重大疾病保险	★★★★
3	弘康人寿	哆啦 A 保重大疾病保险	★★★★
4	华夏人寿	华夏福（多倍版）重大疾病保险	★★★★
5	复星保德信	复星保德信星满意重大疾病保险	★★★★

续表

序号	公司名称	产品名称	产品评级
重疾终身无身故			
1	复星保德信	复星保德信星悦重大疾病保险基础计划	★★★★★
2	海保人寿	海保人寿大金刚 C 款重大疾病保险——终身	★★★★★
3	百年人寿	百年康惠保重大疾病保险	★★★★★
4	弘康人寿	弘康健康人生重大疾病保险 C 款——终身	★★★★★
5	国华人寿	国华至尊保重大疾病保险	★★★★★

保险产品 2019 年 5 月排行榜（综合榜）

序号	公司名称	产品名称	产品评级
定期寿险			
1	太保寿险	爱相守定期寿险	★★★★★
2	中信保诚	中信保诚「祯爱」优选定期寿险	★★★★★
3	爱心人寿	爱心人寿守护神定期寿险	★★★★★
4	华贵人寿	华贵大麦定期寿险	★★★★★
5	三峡人寿	三峡美爱相随定期寿险（不含可选责任）	★★★★
终身寿险			
1	太保寿险	长相伴 A 款终身寿险	★★★★★
2	交银康联	交银康联交银私享三号终身寿险（传承版 A）	★★★★
3	太平人寿	太平美好金生终身寿险	★★★★
4	华贵人寿	华贵守护 e 家终身寿险	★★★★
5	同方全球	同方全球「传世尊享」终身寿险	★★★★
重疾定期型			
1	复星健康	复星联合康乐一生（2019 版）重大疾病保险（基础款）——定期	★★★★★

续表

序号	公司名称	产品名称	产品评级
2	海保人寿	海保人寿大金刚 C 款重大疾病保险——定期	★★★★
3	招商仁和	招商仁和仁爱相伴重大疾病保险（含轻症）——定期	★★★★
4	阳光人寿	健康随 e 保重疾保障计划（2018 版）——定期	★★★★
5	信美人寿	信美相互 i 健康多元保疾病保险（基本款）——定期	★★★★
重疾终身含身故			
1	信泰人寿	信泰完美人生守护重大疾病保险	★★★★★
2	复星健康	复星联合康乐一生（2019 版）重大疾病保险（基础款）——终身	★★★★★
3	复星保德信	复星保德信星满意重大疾病保险	★★★★
4	阳光人寿	阳光 i 保终身重大疾病保险 Plus 版组合计划	★★★★
5	泰康人寿	泰康乐安心终身重大疾病保险	★★★★
重疾终身无身故			
1	复星保德信	复星保德信星悦重大疾病保险基础计划	★★★★★
2	海保人寿	海保人寿大金刚 C 款重大疾病保险——终身	★★★★★
3	国华人寿	国华至尊保重大疾病保险	★★★★★
4	阳光人寿	健康随 e 保重疾保障计划（2018 版）——终身	★★★★
5	复星健康	达尔文一号重大疾病保险——终身	★★★★

保险产品 2019 年 5 月排行榜（价格榜）

序号	公司名称	产品名称	产品评级
定期寿险			
1	华贵人寿	华贵大麦定期寿险	★★★★★

续表

序号	公司名称	产品名称	产品评级
2	弘康人寿	弘康大白智能定期寿险	★★★★★
3	爱心人寿	爱心人寿守护神定期寿险	★★★★★
4	中信保诚	中信保诚「祯爱」优选定期寿险	★★★★★
5	三峡人寿	三峡美爱相随定期寿险（不含可选责任）	★★★★★
终身寿险			
1	华贵人寿	华贵守护 e 家终身寿险	★★★★★
2	同方全球	同方全球「传世尊享」终身寿险	★★★★★
3	横琴人寿	横琴优爱宝终身寿险	★★★★
4	弘康人寿	弘康弘利相传终身寿险	★★★★
5	天安人寿	天安人寿天福一生（2017）终身寿险	★★★★
重疾定期型			
1	海保人寿	海保人寿大金刚 C 款重大疾病保险——定期	★★★★★
2	信美人寿	信美相互 i 健康多元保疾病保险（基本款）——定期	★★★★★
3	复星健康	复星联合康乐一生（2019 版）重大疾病保险（基础款）——定期	★★★★★
4	弘康人寿	弘康健康人生重大疾病保险 C 款——定期	★★★★★
5	招商仁和	招商仁和仁爱相伴重大疾病保险（含轻症）——定期	★★★★★
重疾终身含身故			
1	信泰人寿	信泰完美人生守护重大疾病保险	★★★★★
2	复星健康	复星联合康乐一生（2019 版）重大疾病保险（基础款）——终身	★★★★
3	百年人寿	百年康多保终身重大疾病保险	★★★★
4	弘康人寿	哆啦 A 保重大疾病保险	★★★★

续表

序号	公司名称	产品名称	产品评级
5	华夏人寿	华夏福（多倍版）重大疾病保险	★★★★
重疾终身无身故			
1	复星保德信	复星保德信星悦重大疾病保险基础计划	★★★★★
2	海保人寿	海保人寿大金刚 C 款重大疾病保险——终身	★★★★★
3	百年人寿	百年康惠保重大疾病保险	★★★★★
4	弘康人寿	弘康健康人生重大疾病保险 C 款——终身	★★★★★
5	国华人寿	国华至尊保重大疾病保险	★★★★★

保险产品 2019 年 6 月排行榜（综合榜）

序号	公司名称	产品名称	产品评级
定期寿险			
1	太保寿险	爱相守定期寿险	★★★★★
2	中信保诚	中信保诚「祯爱」优选定期寿险	★★★★★
3	渤海人寿	渤海人寿优选智能定期寿险	★★★★★
4	爱心人寿	爱心人寿守护神定期寿险	★★★★★
5	华贵人寿	华贵大麦定期寿险	★★★★★
终身寿险			
1	太保寿险	长相伴 A 款终身寿险	★★★★★
2	太平人寿	太平美好金生终身寿险	★★★★
3	交银康联	交银康联交银私享三号终身寿险（传承版 A）	★★★★
4	华贵人寿	华贵守护 e 家终身寿险	★★★★
5	同方全球	同方全球「传世尊享」终身寿险	★★★★
重疾定期型			

续表

序号	公司名称	产品名称	产品评级
1	海保人寿	海保人寿大金刚 C 款重大疾病保险——定期	★★★★
2	阳光人寿	健康随 e 保重疾保障计划（2018 版）——定期	★★★★
3	招商仁和	招商仁和仁爱相伴重大疾病保险（含轻症）——定期	★★★★
4	复星健康	复星联合康乐一生（2019 版）重大疾病保险（基础款）——定期	★★★★
5	瑞泰人寿	瑞泰瑞盈重大疾病保险组合计划——定期	★★★★
重疾终身含身故			
1	信泰人寿	信泰完美人生守护重大疾病保险	★★★★★
2	复星保德信	复星保德信星满意重大疾病保险	★★★★
3	百年人寿	百年康多保终身重大疾病保险	★★★★
4	阳光人寿	阳光 i 保终身重大疾病保险 Plus 版组合计划	★★★★
5	华夏人寿	华夏常青树（多倍 2.0 版）重大疾病保险	★★★★
重疾终身无身故			
1	复星保德信	复星保德信星悦重大疾病保险基础计划	★★★★★
2	国华人寿	国华至尊保重大疾病保险	★★★★★
3	国华人寿	国华华瑞国民终身重大疾病保险 C 款（基本款）	★★★★★
4	海保人寿	海保人寿大金刚 C 款重大疾病保险——终身	★★★★★
5	阳光人寿	健康随 e 保重疾保障计划（2018 版）——终身	★★★★

保险产品 2019 年 6 月排行榜（价格榜）

序号	公司名称	产品名称	产品评级
定期寿险			
1	渤海人寿	渤海人寿优选智能定期寿险	★★★★★

续表

序号	公司名称	产品名称	产品评级
2	华贵人寿	华贵大麦定期寿险	★★★★★
3	招商仁和	招商仁和擎天柱 3 号定期寿险	★★★★★
4	弘康人寿	弘康大白智能定期寿险	★★★★★
5	爱心人寿	爱心人寿守护神定期寿险	★★★★★
终身寿险			
1	华贵人寿	华贵守护 e 家终身寿险	★★★★★
2	同方全球	同方全球「传世尊享」终身寿险	★★★★★
3	横琴人寿	横琴优爱宝终身寿险	★★★★
4	弘康人寿	弘康弘利相传终身寿险	★★★★
5	天安人寿	天安人寿天福一生（2017）终身寿险	★★★★
重疾定期型			
1	海保人寿	海保人寿大金刚 C 款重大疾病保险——定期	★★★★★
2	信美人寿	信美相互 i 健康多元保疾病保险（基本款）——定期	★★★★★
3	复星健康	复星联合康乐一生（2019 版）重大疾病保险（基础款）——定期	★★★★★
4	弘康人寿	弘康健康人生重大疾病保险 C 款——定期	★★★★★
5	招商仁和	招商仁和仁爱相伴重大疾病保险（含轻症）——定期	★★★★★
重疾终身含身故			
1	信泰人寿	信泰完美人生守护重大疾病保险	★★★★★
2	复星健康	复星联合康乐一生（2019 版）重大疾病保险（基础款）——终身	★★★★
3	百年人寿	百年康多保终身重大疾病保险	★★★★
4	弘康人寿	哆啦 A 保重大疾病保险	★★★★
5	华夏人寿	华夏常青树（多倍 2.0 版）重大疾病保险	★★★★

续表

序号	公司名称	产品名称	产品评级
重疾终身无身故			
1	复星保德信	复星保德信星悦重大疾病保险基础计划	★★★★★
2	海保人寿	海保人寿大金刚 C 款重大疾病保险——终身	★★★★★
3	百年人寿	百年康惠保重大疾病保险	★★★★★
4	弘康人寿	弘康健康人生重大疾病保险 C 款——终身	★★★★★
5	国华人寿	国华至尊保重大疾病保险	★★★★★

保险产品 2019 年 7 月排行榜（综合榜）

序号	公司名称	产品名称	产品评级
定期寿险			
1	太保寿险	爱相守定期寿险	★★★★★
2	中信保诚	中信保诚「祯爱」优选定期寿险	★★★★★
3	阳光人寿	阳光人寿 i 保定期寿险	★★★★★
4	渤海人寿	渤海人寿优选智能定期寿险	★★★★★
5	爱心人寿	爱心人寿守护神定期寿险	★★★★★
终身寿险			
1	太保寿险	长相伴 A 款终身寿险	★★★★★
2	太平人寿	太平美好金生终身寿险	★★★★
3	交银康联	交银康联交银私享三号终身寿险（传承版 A）	★★★★
4	华贵人寿	华贵守护 e 家终身寿险	★★★★
5	同方全球	同方全球「传世尊享」终身寿险	★★★★
重疾定期型			
1	海保人寿	海保人寿大金刚 C 款重大疾病保险——定期	★★★★

续表

序号	公司名称	产品名称	产品评级
2	阳光人寿	健康随 e 保重疾保障计划（2018 版）——定期	★★★★
3	招商仁和	招商仁和仁爱相伴重大疾病保险（含轻症）——定期	★★★★
4	复星健康	复星联合康乐一生（2019 版）重大疾病保险（基础款）——定期	★★★★
5	瑞泰人寿	瑞泰瑞盈重大疾病保险组合计划——定期	★★★★
重疾终身含身故			
1	信泰人寿	信泰完美人生守护重大疾病保险	★★★★★
2	复星保德信	复星保德信星满意重大疾病保险	★★★★
3	百年人寿	百年康多保终身重大疾病保险	★★★★
4	阳光人寿	阳光 i 保终身重大疾病保险 Plus 版组合计划	★★★★
5	华夏人寿	华夏常青树（多倍 2.0 版）重大疾病保险	★★★★
重疾终身无身故			
1	复星保德信	复星保德信星悦重大疾病保险基础计划	★★★★★
2	国华人寿	国华至尊保重大疾病保险	★★★★★
3	国华人寿	国华华瑞国民终身重大疾病保险 C 款（基本款）	★★★★★
4	海保人寿	海保人寿大金刚 C 款重大疾病保险——终身	★★★★★
5	阳光人寿	健康随 e 保重疾保障计划（2018 版）——终身	★★★★

保险产品 2019 年 7 月排行榜（价格榜）

序号	公司名称	产品名称	产品评级
定期寿险			
1	阳光人寿	阳光人寿 i 保定期寿险	★★★★★
2	渤海人寿	渤海人寿优选智能定期寿险	★★★★★

续表

序号	公司名称	产品名称	产品评级
3	华贵人寿	华贵大麦定期寿险	★★★★★
4	招商仁和	招商仁和擎天柱3号定期寿险	★★★★★
5	弘康人寿	弘康大白智能定期寿险	★★★★★
终身寿险			
1	华贵人寿	华贵守护e家终身寿险	★★★★★
2	同方全球	同方全球「传世尊享」终身寿险	★★★★★
3	横琴人寿	横琴优爱宝终身寿险	★★★★
4	弘康人寿	弘康弘利相传终身寿险	★★★★
5	天安人寿	天安人寿天福一生（2017）终身寿险	★★★★
重疾定期型			
1	海保人寿	海保人寿大金刚C款重大疾病保险——定期	★★★★★
2	信美人寿	信美相互i健康多元保疾病保险（基本款）——定期	★★★★★
3	复星健康	复星联合康乐一生（2019版）重大疾病保险（基础款）——定期	★★★★★
4	弘康人寿	弘康健康人生重大疾病保险C款——定期	★★★★★
5	招商仁和	招商仁和仁爱相伴重大疾病保险（含轻症）——定期	★★★★★
重疾终身含身故			
1	信泰人寿	信泰完美人生守护重大疾病保险	★★★★★
2	复星健康	复星联合康乐一生（2019版）重大疾病保险（基础款）——终身	★★★★
3	百年人寿	百年康多保终身重大疾病保险	★★★★
4	弘康人寿	哆啦A保重大疾病保险	★★★★
5	华夏人寿	华夏常青树（多倍2.0版）重大疾病保险	★★★★

续表

序号	公司名称	产品名称	产品评级
重疾终身无身故			
1	复星保德信	复星保德信星悦重大疾病保险基础计划	★★★★★
2	海保人寿	海保人寿大金刚 C 款重大疾病保险——终身	★★★★★
3	百年人寿	百年康惠保重大疾病保险	★★★★★
4	弘康人寿	弘康健康人生重大疾病保险 C 款——终身	★★★★★
5	国华人寿	国华至尊保重大疾病保险	★★★★★

保险产品 2019 年 8 月排行榜（综合榜）

序号	公司名称	产品名称	产品评级
定期寿险			
1	太保寿险	爱相守定期寿险	★★★★★
2	中信保诚	中信保诚「祯爱」优选定期寿险 (2019 版)	★★★★★
3	阳光人寿	阳光人寿 i 保定期寿险	★★★★★
4	渤海人寿	渤海人寿优选智能定期寿险	★★★★★
5	爱心人寿	爱心人寿守护神定期寿险	★★★★★
终身寿险			
1	太保寿险	长相伴 A 款终身寿险	★★★★★
2	太平人寿	太平美好金生终身寿险	★★★★
3	交银康联	交银康联交银私享三号终身寿险（传承版 A）	★★★★
4	华贵人寿	华贵守护 e 家终身寿险	★★★★
5	同方全球	同方全球「传世尊享」终身寿险	★★★★
重疾定期型			
1	光大永明	光大永明超级玛丽旗舰版重大疾病保险（基本款）——定期	★★★★★

续表

序号	公司名称	产品名称	产品评级
2	海保人寿	海保人寿大金刚 C 款重大疾病保险——定期	★★★★
3	阳光人寿	健康随 e 保重疾保障计划（2018 版）——定期	★★★★
4	招商仁和	招商仁和仁爱相伴重大疾病保险组合计划——定期	★★★★
5	复星健康	复星联合康乐一生（2019 版）重大疾病保险（基本款）——定期	★★★★
重疾终身含身故			
1	信泰人寿	信泰完美人生守护重大疾病保险	★★★★★
2	复星保德信	复星保德信星满意重大疾病保险	★★★★
3	百年人寿	百年康多保终身重大疾病保险	★★★★
4	阳光人寿	阳光 i 保终身重大疾病保险 Plus 版组合计划	★★★★
5	华夏人寿	华夏常青树（多倍 2.0 版）重大疾病保险	★★★★
重疾终身无身故			
1	光大永明	光大永明超级玛丽旗舰版重大疾病保险（基本款）——终身	★★★★★
2	复星保德信	复星保德信星悦重大疾病保险基础计划	★★★★★
3	国华人寿	国华至尊保重大疾病保险	★★★★★
4	国华人寿	国华华瑞国民终身重大疾病保险 C 款（基本款）	★★★★★
5	海保人寿	海保人寿大金刚 C 款重大疾病保险——终身	★★★★★

保险产品 2019 年 8 月排行榜（价格榜）

序号	公司名称	产品名称	产品评级
定期寿险			
1	中信保诚	中信保诚「祯爱」优选定期寿险 (2019 版）	★★★★★

续表

序号	公司名称	产品名称	产品评级
2	阳光人寿	阳光人寿 i 保定期寿险	★★★★★
3	渤海人寿	渤海人寿优选智能定期寿险	★★★★★
4	华贵人寿	华贵大麦定期寿险	★★★★★
5	招商仁和	招商仁和擎天柱 3 号定期寿险	★★★★★
终身寿险			
1	华贵人寿	华贵守护 e 家终身寿险	★★★★★
2	同方全球	同方全球「传世尊享」终身寿险	★★★★★
3	横琴人寿	横琴优爱宝终身寿险	★★★★
4	弘康人寿	弘康弘利相传终身寿险	★★★★
5	天安人寿	天安人寿天福一生（2017）终身寿险	★★★★
重疾定期型			
1	光大永明	光大永明超级玛丽旗舰版重大疾病保险（基本款）——定期	★★★★★
2	海保人寿	海保人寿大金刚 C 款重大疾病保险——定期	★★★★★
3	信美人寿	信美相互 i 健康多元保疾病保险组合计划（基本款）——定期	★★★★★
4	复星健康	复星联合康乐一生（2019 版）重大疾病保险（基本款）——定期	★★★★★
5	弘康人寿	弘康健康人生重大疾病保险 C 款——定期	★★★★★
重疾终身含身故			
1	信泰人寿	信泰完美人生守护重大疾病保险	★★★★★
2	复星健康	复星联合康乐一生（2019 版）重大疾病保险（基本款）——终身	★★★★
3	百年人寿	百年康多保终身重大疾病保险	★★★★

续表

序号	公司名称	产品名称	产品评级
4	弘康人寿	哆啦A保重大疾病保险	★★★★
5	华夏人寿	华夏常青树（多倍2.0版）重大疾病保险	★★★★
重疾终身无身故			
1	光大永明	光大永明超级玛丽旗舰版重大疾病保险（基本款）——终身	★★★★★
2	复星保德信	复星保德信星悦重大疾病保险基础计划	★★★★★
3	海保人寿	海保人寿大金刚C款重大疾病保险——终身	★★★★★
4	百年人寿	百年康惠保重大疾病保险	★★★★★
5	弘康人寿	弘康健康人生重大疾病保险C款——终身	★★★★★

保险产品2019年9月排行榜（综合榜）

序号	公司名称	产品名称	产品评级
定期寿险			
1	太保寿险	爱相守定期寿险	★★★★★
2	中信保诚	中信保诚「祯爱」优选定期寿险(2019版)	★★★★★
3	阳光人寿	阳光人寿i保定期寿险	★★★★★
4	渤海人寿	渤海人寿优选智能定期寿险	★★★★★
5	爱心人寿	爱心人寿守护神定期寿险	★★★★★
终身寿险			
1	平安人寿	平安福佑一生终身寿险	★★★★★
2	太保寿险	长相伴A款终身寿险	★★★★★
3	太平人寿	太平美好金生终身寿险	★★★★
4	交银康联	交银康联交银私享三号终身寿险（传承版A）	★★★★

续表

序号	公司名称	产品名称	产品评级
5	太平人寿	太平臻爱金生终身寿险	★★★★
重疾定期型			
1	光大永明	光大永明超级玛丽旗舰版重大疾病保险（基本款）——定期	★★★★★
2	海保人寿	海保人寿大金刚 C 款重大疾病保险——定期	★★★★
3	阳光人寿	健康随 e 保重疾保障计划（2018 版）——定期	★★★★
4	招商仁和	招商仁和仁爱相伴重大疾病保险组合计划——定期	★★★★
5	复星健康	复星联合康乐一生（2019 版）重大疾病保险（基本款）——定期	★★★★
重疾终身含身故			
1	信泰人寿	信泰完美人生守护重大疾病保险	★★★★★
2	华夏人寿	华夏常青树（多倍 2.0 版）重大疾病保险	★★★★
3	华夏人寿	华夏福（多倍版）重大疾病保险	★★★★
4	复星保德信	复星保德信星满意重大疾病保险	★★★★
5	泰康人寿	泰康乐安心终身重大疾病保险	★★★★
重疾终身无身故			
1	光大永明	光大永明超级玛丽旗舰版重大疾病保险（基本款）——终身	★★★★★
2	复星保德信	复星保德信星悦重大疾病保险基础计划	★★★★★
3	国华人寿	国华至尊保重大疾病保险	★★★★★
4	海保人寿	海保人寿大金刚 C 款重大疾病保险——终身	★★★★★
5	国华人寿	国华华瑞国民终身重大疾病保险 C 款（基本款）	★★★★

保险产品 2019 年 9 月排行榜（价格榜）

序号	公司名称	产品名称	产品评级
定期寿险			
1	中信保诚	中信保诚「祯爱」优选定期寿险 (2019 版)	★★★★★
2	阳光人寿	阳光人寿 i 保定期寿险	★★★★★
3	渤海人寿	渤海人寿优选智能定期寿险	★★★★★
4	华贵人寿	华贵大麦定期寿险	★★★★★
5	招商仁和	招商仁和擎天柱 3 号定期寿险	★★★★★
终身寿险			
1	华贵人寿	华贵守护 e 家终身寿险	★★★★★
2	同方全球	同方全球「传世尊享」终身寿险	★★★★★
3	北大方正	如意终身寿险 A 款	★★★★
4	横琴人寿	横琴优爱宝终身寿险	★★★★
5	弘康人寿	弘康弘利相传终身寿险	★★★★
重疾定期型			
1	光大永明	光大永明超级玛丽旗舰版重大疾病保险（基本款）——定期	★★★★★
2	海保人寿	海保人寿大金刚 C 款重大疾病保险——定期	★★★★★
3	信美人寿	信美相互 i 健康多元保疾病保险组合计划（基本款）——定期	★★★★★
4	复星健康	复星联合康乐一生（2019 版）重大疾病保险（基本款）——定期	★★★★★
5	弘康人寿	弘康健康人生重大疾病保险 C 款——定期	★★★★★
重疾终身含身故			
1	信泰人寿	信泰完美人生守护重大疾病保险	★★★★★

序号	公司名称	产品名称	产品评级
2	复星健康	复星联合康乐一生（2019版）重大疾病保险（基本款）——终身	★★★★
3	百年人寿	百年康多保终身重大疾病保险	★★★★
4	弘康人寿	哆啦A保重大疾病保险	★★★★
5	华夏人寿	华夏常青树（多倍2.0版）重大疾病保险	★★★★
重疾终身无身故			
1	光大永明	光大永明超级玛丽旗舰版重大疾病保险（基本款）——终身	★★★★★
2	复星保德信	复星保德信星悦重大疾病保险基础计划	★★★★★
3	海保人寿	海保人寿大金刚C款重大疾病保险——终身	★★★★★
4	百年人寿	百年康惠保重大疾病保险	★★★★★
5	弘康人寿	弘康健康人生重大疾病保险C款——终身	★★★★★

后　记

《2019 中国人身保险产品研究报告（消费者版）》正式出版了。从 2018 年起，中国财富传媒集团官网——中国财富网按月度和季度定期发布中国人身保险产品“消费者推荐”排行榜，并发布年度报告，受到业界关注。

本报告借助统计分析方法，利用保险精算与核保技术收录处理了四千多个保险产品，建立了产品库和定价精算系统，客观公正地研究评估保险产品，把一般公众看不懂、看不透的条款通俗化、直观化，将保险产品“卸妆”后的面目呈现给消费者，帮助消费者准确甄别适合自身的产品。

改革开放以来，中国保险业一直驶在高速发展的快车道上，总资产从 1980 年的 14.52 亿飙升至目前的 20 万亿，增长了近 1.4 万倍，保险机构数量从一家增加到超过两百多家，保险服务已覆盖生命财产风险保障、养老医疗风险保障、灾害事故风险保障等多个经济社会领域。

保险的初心和使命在于，提供保障，管理风险，完善社会保障体系。但在快速发展的过程中，也出现了“重视经济补偿、资金融通功能，忽视社会管理功能”的现象，导致一些企业和消费者过于重视产品衍生的金融属性，忽视产品本质的保障属性。本报告期翼让消费者全面客观地了解保险在风险防范、财富管理中的作用，更有效地构建起人身和财产的“保护伞”“防火墙”。

2019年11月12日，中国银保监会公布了新版《健康保险管理办法》。此次修订传递出最鲜明的信号就是要突出保险的保障属性。无论是监管部门还是消费者都希望，保险业要坚持以客户为中心、让保险回归保障，产品条款要更加清晰明了，使消费者更易掌握，不易被误导销售。

中国财富传媒集团将继续与业界有识之士携手合作，搭建专业的传播平台，在保险业与消费者之间架起沟通的桥梁，为中国保险业实现持续健康的高质量发展贡献力量。

王存理

中国财富传媒集团党委书记、董事长